Gabriele Beyerlein

In die Steinzeit und zurück
Eine abenteuerliche Zeitreise

Gabriele Beyerlein

In die Steinzeit und zurück

Eine abenteuerliche Zeitreise

Mit Illustrationen von Angela Holzmann

Hase und Igel®

Für Lehrkräfte gibt es zu diesem Buch
ausführliches Begleitmaterial beim Hase und Igel Verlag.

Originalausgabe

© 2012 Hase und Igel Verlag GmbH, München
www.hase-und-igel.de
Lektorat: Sonja Hopfenzitz
Druck: CPI – Ebner & Spiegel, Ulm

ISBN 978-3-86760-157-3
5. Auflage 2019

Inhalt

1. Kapitel	7
2. Kapitel	10
3. Kapitel	13
4. Kapitel	16
5. Kapitel	22
6. Kapitel	26
7. Kapitel	31
8. Kapitel	35
9. Kapitel	38
10. Kapitel	43
11. Kapitel	47
12. Kapitel	52
13. Kapitel	58
14. Kapitel	67
15. Kapitel	72
16. Kapitel	77
17. Kapitel	84

18. Kapitel	88
19. Kapitel	92
20. Kapitel	98
21. Kapitel	103
22. Kapitel	109
23. Kapitel	113
24. Kapitel	118
Nachwort	123

1. Kapitel

Früher war alles viel besser. Da hatte ich meinen Papa für mich allein, wenn ich Papa-Wochenende hatte. Wenn ein Heimspiel vom VfB war, hatte er schon Karten für uns beide besorgt, bevor er mich zu Hause abgeholt hat, und auch sonst haben wir tolle Sachen unternommen. Und in den Ferien sind wir immer gleich weggefahren, nur wir zwei: Papa und ich.

Dieses Jahr aber hocke ich bei miesem Wetter in diesem blöden Kaff hier und vertrödele zwei kostbare Ferienwochen. Da wäre ich viel lieber daheim, dort sind wenigstens meine Freunde. Aber Mama musste für ihren Job nach Hongkong und hat gesagt, jetzt wäre Papa mal an der Reihe, für mich zu sorgen. Wogegen ich ja nichts hätte. Wenn er nicht dauernd arbeiten würde. Und wenn da nicht Caro wäre, seine neue Freundin – und Leonie, deren Tochter. Die wohnt jetzt die ganze Zeit mit Papa zusammen, obwohl es doch mein Papa ist und nicht ihrer! Mein ganzes Leben gehört er schon zu mir. Auch wenn er nie bei uns zu Hause gewohnt hat, bei Mama und mir. Es hat sich nie so ergeben, hat Mama gesagt.

Warum es sich dann bei Caro und Leonie so ergeben hat, möchte ich mal wissen – oder auch nicht. Jedenfalls ist er viel zu schade für Leonie.

Und ich soll sie den ganzen Urlaub über aushalten! Wir wollen alle gemeinsam nach Dänemark fahren, wenn hier endlich auch Sommerferien sind, hat Papa erklärt: er, Caro, Leonie und ich. Als ich gesagt habe, dass ich das überhaupt nicht will, hat er getan, als würde er mich nicht hören – mal wieder.

Ich schlendere durch das Haus. Bis Mittag muss ich mir die Zeit irgendwie vertreiben. Es ist kein Mensch da. Leonie ist in der Schule. Caro auch, die ist ja Lehrerin, und Papa ist auf seiner Arbeit. Ich bin groß genug, ein paar Stunden ganz allein im Haus zu sein. Findet er. Und klar, ich schaffe das schon, immerhin komme ich nach den Ferien in die fünfte Klasse – aber trotzdem.

Auf meinem Rundgang erreiche ich Leonies Zimmer und schaue mir ihre Bücher an. Lauter Geschichten, keine Sachbücher, wie ich sie mag, über Dinosaurier, Wikinger und Ritter zum Beispiel und über die Steinzeit. In Sachen Steinzeit bin ich überhaupt Experte und kenne mich total gut aus, sogar einen Ferienkurs im Museum habe ich mal mitgemacht, in dem man sich eine Speerschleuder schnitzen und üben konnte, damit zu werfen. Leider habe ich sie nicht dabei und meine Bücher auch nicht.

Vor Langeweile nehme ich mir eins von Leonies Büchern, verziehe mich damit in ihren Sessel und beginne darin zu blättern. Es handelt von zwei Kindern, die in die Vergangenheit reisen. So ein Schwachsinn!

Ich will es schon wieder zuklappen, aber weil ich grad nichts anderes zu tun habe und weil es im Haus so still ist, fange ich schließlich doch an zu lesen.

2. Kapitel

„Was machst du in meinem Zimmer!"

Ich schaue auf. Leonie steht in der Tür, einen Joghurt in der Hand. Das Buch war so spannend, dass ich gar nicht bemerkt habe, wie sie nach Hause gekommen ist.

„Ich lese, wie du siehst", sage ich. „Gibt es bald Mittagessen?"

„Nein", antwortet sie. „Mama hat Zeugniskonferenz und kommt erst am Nachmittag. Wir sollen uns was aus dem Kühlschrank nehmen, hat sie gesagt."

„Na toll!", rege ich mich auf. „Erst lässt man mich hier den halben Tag vergammeln und dann kriege ich nicht mal was Richtiges zu essen! Meine Mama kocht mir immer was Gutes im Voraus, wenn sie nicht da ist!"

„Geh doch zu deiner Mama, wenn es dir hier nicht passt", motzt Leonie mich an.

„Sie ist aber in Hongkong!", schreie ich los. Ich weiß auch nicht, warum ich auf einmal so wütend bin. „Sonst würde ich keine Sekunde hierbleiben, damit du es nur weißt! Und mit dir würde ich überhaupt gar kein Wort reden!"

„Das wäre mir auch viel lieber", gibt Leonie zurück. „Und jetzt verschwinde aus meinem Zimmer!" Sie schiebt mich zur Tür hinaus und knallt sie hinter mir zu. Soll sie doch!

Ich gehe die Treppe hinunter in die Küche, nehme mir zwei Schokoladenpuddings aus dem Kühlschrank und setze mich im Wohnzimmer vor den Fernseher. Es kommt nichts Gescheites, aber ich lasse ihn trotzdem laufen, während ich den Pudding löffle. Nach dem zweiten ist mir flau im Magen.

Was Leonie wohl macht? Wenn ich schon den ganzen Vormittag allein sein musste, könnte sie sich doch jetzt wenigstens blicken lassen!

Ich inspiziere den Kühlschrank noch einmal. Nehme mir eine Gewürzgurke. Eine Scheibe gekochten Schinken. Einen Zipfel Fleischwurst. Ein Stück Käse. Stopfe alles in mich hinein. Schließlich schenke ich mir ein Glas Milch ein. Kekse wären jetzt gut. Aber ich kenne mich in dieser Küche nicht aus und ehe ich ein gewisses Mädchen danach frage, beiße ich mir lieber die Zunge ab. Ich entdecke so ein gesundes Knäckebrot mit Körnern und verziehe mich damit wieder vor den Fernseher.

Wenn ich bloß meine Wii hier hätte!

Das Brot knackt und knistert beim Kauen. Von Leonie höre ich nichts.

Ich tippe eine SMS an Mama: *Hier ist es langweilig. Und blöd. Papa ist nie da und Leonie ist gemein und Caro kocht mir kein Mittagessen. Kannst du nicht zurückkommen? Dein lieber Timo.*

Auf Zehenspitzen schleiche ich in den ersten Stock. Ein Zettel hängt an Leonies Tür. *Für Jungen Eintritt verboten!* steht darauf. Sieht ihr mal wieder ähnlich.

Ich höre sie telefonieren. „Nee, heute nicht", sagt sie gerade. „Ich muss mein Schuljahrsabschlussfest vorbereiten."

Das Schuljahrsabschlussfest. Ich habe noch nie ein Fest machen dürfen, nur weil das Schuljahr vorbei ist. Aber Leonie darf so was.

Ich gehe ganz nah an die Tür heran und höre: „Ich mache wieder eine Rallye. Ich habe mir ein tolles Versteck für den Schatz ausgedacht." Sie lacht.

Ich presse mein Ohr an das Holz. Kurz ist es still, dann spricht sie wieder: „Doch, Timo auch. Na ja, der ist nun mal hier, ich muss ihn einladen." Sie seufzt übertrieben.

Ich kriege einen heißen Kopf. So ist das also. Aber der werde ich es zeigen! Ich bin jedenfalls der Erste, der ihren Schatz findet!

3. Kapitel

Vom Dachfenster aus habe ich alles beobachtet. Leonie hat einen Klappspaten aus der Garage geholt. Sie trägt ihn in der einen Hand, in der anderen hält sie einen Beutel. Jetzt geht sie hinter dem Haus die Sackgasse hinauf und biegt bergan in den Wiesenweg ein.

Ich flitze die Treppe hinunter und nehme die Verfolgung auf. Als ich den Wiesenweg erreiche, sehe ich, wie Leonie weiter oben am Berg auf eine Gruppe Felsen zugeht.

Ich nutze eine Hecke als Deckung und pirsche hinter Leonie her. Sie verschwindet hinter einem Felsen, der so aussieht wie das Gesicht einer hässlichen alten Frau.

Ich renne den steilen Berg hinauf, komme bei dem Felsen an und spähe um die Ecke. Von Leonie keine Spur. Aber da entdecke ich eine Öffnung in der Felswand, so groß wie eine Tür. Ich schleiche hin und sehe in eine kleine, helle Höhle. Leonie kniet hinten an der Wand und gräbt ein Loch in den Boden.

Dann holt sie eine Blechschachtel aus ihrem Beutel hervor und probiert aus, ob sie in das Loch hineinpasst, buddelt weiter, dicht an der Felswand. Plötzlich zerrt sie etwas aus der Erde heraus. Es ist nur ein Stein. Sie nimmt eine Taschenlampe aus ihrem Beutel, leuchtet in das Loch hinein, beugt sich hinunter und stößt einen überraschten kleinen Schrei aus. „Verdammte Axt!" Es klingt geradezu andächtig.

Da hält es mich nicht mehr. Ich trete in die Höhle und frage: „Was?"

Sie zuckt zusammen und dreht den Kopf zu mir. „Du?", sagt sie. „Hast du mich etwa verfolgt?!"

Ich gebe keine Antwort, nehme ihr die Taschenlampe aus der Hand, lege mich auf den Boden und leuchte in das Loch. Ich sehe die freigelegte Felswand – und darin eine Nische. Mitten in der Nische aber steht in einem Häufchen Erde eine sehr kleine, bräunlich-helle Figur.

Es ist ein wunderschönes Tier. Ein Elefant? Nein – ein Mammut! Es sieht ganz ähnlich aus wie das kleine Mammut aus Elfenbein, das in meinem Steinzeitbuch abgebildet ist.

„Es ist so schön", flüstert Leonie. „Wer hat es da wohl hineingetan?"

„Steinzeitmenschen, so was sieht man doch gleich!", antworte ich.

„Krass!" Leonie langt in die Nische.

„Nicht!", sage ich und fasse sie am Unterarm. Denn so einen Schatz darf nur ein Archäologe herausnehmen und vorher muss alles fotografiert werden und ausgemessen und so. Aber es ist zu spät, Leonie hat die Figur schon in der Hand. Und da …

Mir wird so komisch. Als ob der Boden unter mir nachgibt.

Ein Rauschen ist plötzlich um mich, die Höhlenwand saust an mir vorbei – oder bin ich es, der in die Tiefe saust? Hilfe!

Dann ist es zu Ende. Dunkel ist es auf einmal. Was ist hier los?!

Ich kann Leonies Gesicht nicht erkennen, dabei kauert sie dicht neben mir. Nur als schwarzer Umriss hebt sich ihre Gestalt von der dunklen Höhlenwand ab. Meine Augen gleiten die Wand hinauf. Sie reicht höher und höher und höher …

4. Kapitel

Ich fasse es nicht. Eben waren wir noch in einer hellen, harmlosen Höhle, in die man einfach hineinspazieren konnte, und nun sind wir plötzlich tief unten in einem finsteren Schacht. Beinahe senkrecht gehen die Wände hoch – acht Meter, zehn, zwölf, was weiß ich. Und nur ganz oben, fast an der Decke, ist eine kleine Öffnung, durch die etwas Licht hereinfällt. Aber sie ist viel zu hoch oben, um sie zu erreichen. Und viel zu klein, um hindurchzukriechen.

„Hier kommen wir nie wieder raus", wimmert Leonie.

Mir ist kalt. In meinem Kopf ist es leer. Dann ist da plötzlich ein Gedanke. Aber der ist so verrückt …

„Timo?" Leonie stößt mich mit dem Ellbogen an. „Hast du dein Handy dabei?"

Mein Handy – na klar! Ich ziehe es aus meiner Hosentasche. Das Display ist schwarz. Ich schalte es aus und wieder ein. Es bleibt schwarz.

„Kein Empfang", murmle ich.

„Wie – kein Empfang?", fragt Leonie. Ihre Stimme klingt ganz heiser.

„Na ja", ich räuspere mich, „oder einfach kein Saft drauf. Obwohl ich genau weiß, dass ich es aufgeladen habe."

Leonie gibt einen Laut von sich, der wie ein Schluchzen klingt. Dann beginnt sie, um Hilfe zu rufen.

Da stimme ich ein: „Hilfe! Wir sind in der Höhle! Hilfe!"

Wir schreien, bis wir keine Stimme mehr haben.

Wenn es nur nicht so dunkel wäre! Ich suche den Boden nach der Taschenlampe ab, aber ich finde nur Steine.

„Siehst du das auch?", fragt Leonie plötzlich und streckt die Hand aus.

Meine Augen haben sich inzwischen ans Dunkel gewöhnt. Da, wo es vorhin nur schwarz war, erkenne ich jetzt so etwas wie einen Schutthaufen. Er steigt an der Höhlenwand an. Oben aber, wo er in die senkrechte Wand übergeht, ist etwas …

Leonie springt auf. „Ich glaube, da oben ist ein Spalt! Vielleicht ein Ausgang!" Schon beginnt sie die Schräge hinaufzuklettern. Ich kraxle hinterher, erreiche die Höhe, eine finstere Öffnung tut sich vor mir auf – ein Höhlengang!

Leonie hat sich bereits hineingeschoben. „Halte mich, zur Sicherheit, falls es einen Abgrund gibt!", befiehlt sie.

Ich nehme ihre Hand und taste mich hinter ihr in den Gang, schütze dabei meinen Kopf. Ehrlich gesagt bin ich ganz froh, ihre Hand zu spüren.

Es geht bergauf, dann plötzlich stehen wir vor einer Wand. Doch nein – von rechts kommt ein ganz schwacher, kaum wahrnehmbarer Lichtschimmer, dort können wir weiter! Vorsichtig arbeiten wir uns durch die Windungen des Ganges voran. Er wird heller und breiter. Jetzt können wir sogar nebeneinanderher gehen. Und dann sehen wir das rötliche Sonnenlicht – ein Ausgang!

Ich stürze darauf zu. Stehe draußen, strecke die Arme zum Himmel und stoße einen lauten Schrei aus.

Leonie fällt in meinen Freudenschrei ein. Wir lachen und heulen und hüpfen herum. Doch plötzlich bleibt Leonie stehen und starrt mit offenem Mund in die Ferne.

Ich schaue mich um. Ich sehe nichts Besonderes, nur Landschaft. Aber …

Keine Spur von dem Dorf. Auch nicht von der Fabrik und der Straße im Tal. Oder von dem Wald auf den gegenüberliegenden Berghängen. Keine Spur von einer Wiese oder von Bäumen und Hecken auf unserem Hang.

Nur Schutt und Geröll, Steinplatten und Felsbrocken und dazwischen Flechten und kleine Blümchen. Und unten im Tal ein paar verkrüppelte Kiefern und zerzauste Sträucher und ein breites Flussbett voller Steine, zwischen denen sich das Wasser in verschiedenen Rinnsalen seinen Weg sucht.

„Das gibt es doch nicht!", stößt Leonie tonlos hervor.

Ich versuche eine Erklärung. Aber schon während ich sie ausspreche, weiß ich, dass sie nicht stimmt: „Der Höhlenausgang hat uns eben auf die andere Seite des Berges geführt."

„Nie und nimmer! Hier gibt es keine andere Seite des Berges! Wenn man den Hang hinter unserem Haus hinaufgeht, ist oben doch die Hochfläche! Und die reicht ewig weit."

Ich sage nichts mehr.

Leonie schaut nach allen Seiten. Schüttelt immer wieder den Kopf. Schließlich zeigt sie hinter uns. „Die Felsen hier … Sie sehen ein bisschen anders aus. Aber ich glaube, es sind doch die Felsen über unserem Dorf. Und die Berge dort drüben, eigentlich müsste da Wald sein – aber der Form nach sind es doch unsere Berge. Und der Fluss, irgendwie kommt es mir vor, als läge er tiefer unten. Vor allem ist er viel breiter und flacher, und dann dieses ganze Geröll – aber trotzdem … Es klingt verrückt, aber ich glaube, wir sind hier trotzdem in unserem Tal!"

Ich habe es die ganze Zeit gewusst. Nur glauben wollte ich es nicht.

„Ich …", beginne ich, doch da verschlägt es mir die Sprache. Dort unten am Fuße des Hangs taucht hinter einer Erhebung etwas auf. Etwas Riesengroßes. Und noch etwas und noch etwas. Schreitet dort ganz gemächlich über die Steine, tritt das kümmerliche Grünzeug mit seinen Riesenfüßen platt, rupft etwas mit seinem Riesenrüssel aus, steckt es sich in sein Riesenmaul, das man vor lauter zotteligem Fell kaum sehen kann, und reckt dabei seine rundgebogenen Riesenstoßzähne in die Höhe.

Ein Mammut! Und noch eins und noch eins.

Zitternd taste ich hinter mich und lasse mich auf einem Stein nieder.

Ein paar hundert Meter von uns entfernt ziehen drei Mammuts zum Fluss. Zwei weitere und ein Junges

folgen ihnen – Tiere, die seit Ewigkeiten ausgestorben sind.

„Sag, dass das nicht wahr ist!", stöhnt Leonie.

Ich schaue zu den Mammuts hinunter. Sie sind an dem kleinen Fluss angekommen, trinken aus einer der

Wasserrinnen, spritzen sich mit dem Rüssel Wasser auf den Rücken. Dann ziehen sie den gleichen Weg zurück und verschwinden.

„Ich habe so ein Buch", sagt Leonie zögerlich, „das handelt von zwei Kindern, die in die Vergangenheit geraten."

Ich nicke. „Ich habe vorhin angefangen es zu lesen."

Leonie fährt fort: „Ich habe ja gedacht, das ist nur so eine Geschichte. So was gibt es doch nicht in echt!"

„Gibt es aber doch", antworte ich.

„Ja", bestätigt Leonie.

Wir sehen uns an. „Wir sind in der Steinzeit", sagen wir beide wie aus einem Mund.

5. Kapitel

„Meinst du, man kann das Wasser trinken?", fragt Leonie. „Ich habe so einen Durst!"

„Ich auch. Aber ob man das trinken kann … Bei uns – ich meine: in unserer Zeit – dürfte man jedenfalls kein Flusswasser trinken!"

„Hältst du mich für blöd? Aber hier gibt es keine Fabriken und keine Klospülungen und keine Straßenabwässer, die den Fluss verschmutzen!"

„Weiß ich selbst!" Ich knie mich auf den Schotter und tauche die Hände ins flache Wasser. Es ist eiskalt und unglaublich klar. Vielleicht kann man es doch trinken. Jedenfalls besser als zu verdursten …

Ich wasche mir die Hände, schöpfe darin Wasser und trinke. Ich wusste gar nicht, dass Wasser so gut schmecken kann.

Auf einmal finde ich es sogar spannend, was uns passiert. Wer kann schon sagen, dass er in der Steinzeit war? Wenn ich das meinen Freunden erzähle! Oder Papa …

„Die Kinder in deinem Buch – kommen die wieder aus der Vergangenheit zurück?", frage ich.

„Klar", antwortet Leonie und trinkt. „Es ist ja nur eine Geschichte."

Ich stehe auf. „Dann kommen wir auch wieder zurück", erkläre ich.

„Und wie?", fragt Leonie.

„Das wird sich dann schon ergeben", meine ich schnell. „Aber erst einmal müssen wir schauen, wie wir die Nacht überstehen." Ich zeige zu dem Bergrücken, hinter dem eben die Sonne verschwindet. „Es wird bald dunkel. Und ich finde es ziemlich kalt. Der Wind ist ganz schön scharf."

„Das kannst du laut sagen! Zum Glück hab ich meine Jeansjacke an." Sie reibt sich fröstelnd die Arme. „Sag mal, kennst du dich aus mit der Steinzeit? Kannst du Feuer machen und so?"

„Klar!", behaupte ich. „Da bin ich Experte! Such du schon mal Holz und trockenes Gras und trockene Rinde und solche Sachen, dann mache ich ein Feuer!"

Leonie läuft zu dem dürftigen Wäldchen, das ein Stück entfernt im Tal liegt. Ich gehe am Flusslauf entlang, die Augen auf die Steine geheftet. Im Museum habe ich gesehen, wie Feuer aus Steinen geschlagen wird. Es sah ganz einfach aus. Die Frau, die uns das vorgemacht hat, hat mit einem Stein Funken von einem anderen abgeschlagen. Die hat sie in einen vorbereiteten Zunderschwamm – das ist so ein Baumpilz – fallen lassen. Dort haben sie weitergeglüht und sie hat vorsichtig hineingepustet. Dann hat sie noch fein gezupfte trockene Fasern dazugetan und alles in eine Handvoll Heu auf ein Stück Leder gebettet. Das Ganze hat sie irgendwie eingerollt und immer wieder gepustet. Bald hat es gebrannt. So ungefähr war es jedenfalls, glaube ich.

Aber man braucht ganz bestimmte Steine dafür: einen Feuerstein, das steht in meinem Steinzeitbuch, und noch einen anderen, dessen Name mir nicht einfällt. Der Name wäre ja auch nicht so wichtig. Aber ich weiß nicht, wie er aussieht – und wie ich einen Feuerstein erkennen kann, leider genauso wenig.

Ich hebe alle möglichen Steine auf, schlage sie aneinander und werfe sie wieder weg. Funken sehe ich keine.

Als Leonie mit einem Armvoll Gestrüpp und Kiefernzapfen zurückkommt, habe ich schon auf mindestens fünfzig Steine geschlagen und ein paarmal auf meinen Daumen. Er ist das Einzige, was heiß geworden ist.

„Und?", fragt Leonie.

Ich gebe keine Antwort, nehme die einigermaßen trockenen Flechten, die sie mir hinhält, zerzupfe sie und schlage darüber zwei Steine aneinander. Ich versuche es mit noch zwei anderen, mit immer neuen. Inzwischen ist es schon so dunkel, dass man die Funken gut erkennen müsste. Wenn es welche gäbe.

„Ich dachte, du bist Experte", sagt Leonie.

„Das ist ja auch kein trockenes Heu, was du hier geholt hast, sondern total nasses Zeug!", gebe ich zurück.

„Das sieht dir ähnlich! Du bringst keine Funken zustande und dann soll es an mir liegen!", regt sie sich auf.
„Und überhaupt: Mach doch dein Feuer alleine!" Damit
dreht sie sich um und rennt am Hang entlang auf einen
einsamen Felsen zu, der ein Stück über der Talsohle liegt.

„Hau doch ab! Ich bin ja nur froh, wenn ich mich
nicht auch noch um dich kümmern muss!", schreie ich
ihr nach. Wütend hebe ich einen Stein auf und pfeffere
ihn auf das Geröll, das am Boden herumliegt. Da fällt
mir etwas ein: Feuersteinknollen zerspringen, wenn man
draufhaut. Also müsste ich Feuerstein erkennen, wenn
ich versuche, Steine zu zerschlagen …

Mit aller Kraft schmettere ich einen Stein nach dem
anderen ins Geröll. Schließlich gebe ich auf. Ich werde
die Nacht ohne Feuer überstehen müssen.

Es ist inzwischen lausig kalt. Dieser Wind! Ich glaube, er wird immer schärfer. Wenigstens trage ich mein
dickstes Sweatshirt über dem T-Shirt, meine Jeans und
Turnschuhe, weil bei uns das Wetter auch nicht gerade
toll war. Aber im Vergleich zu hier war es warm.

Eine Nacht in dieser Kälte – und ganz allein …

Ich schaue zu dem einzelnen Felsen, auf den Leonie
zugelaufen ist. Keine Spur von ihr. Und es ist schon so
dunkel. Bald ist es finster. Bald ist es zu spät …

Meine Beine setzen sich ganz von allein in Bewegung.
Ich renne auf den Felsen zu. Wenn ich renne, ist mir
auch nicht so kalt.

6. Kapitel

Gleich habe ich den Felsen erreicht. Ich stolpere über einen Stein, den ich nicht gesehen habe, falle hin, rappele mich wieder auf. Weiter! Doch halt – was kommt von dort unten?

Angestrengt starre ich in die tiefe Dämmerung, versuche zu erkennen, was sich dem Felsen vom Tal her nähert. Etwa so groß wie ich. Aber viel, viel breiter.

Ein Bär? Ich stehe da wie erstarrt. Er dreht sich zu mir. Seine Vorderbeine sind erhoben und seine Pranken sind riesig.

„Timo? Bist du das?", sagt er. Es ist gar kein Bär, es ist Leonie! Sie trägt irgendetwas in den Armen – und ich habe geglaubt, das wären die Pranken!

Langsam stoße ich die Luft aus, versuche nicht zu heulen. „Wer denn sonst!", sage ich.

„Ein Glück!", stöhnt sie auf. „Ich hatte schon Angst, da wäre ein Tier. Ein Bär oder so was!"

„Bär! Auf so einen Quatsch kannst auch nur du kommen!", erwidere ich. Mein Herz tobt noch immer wie verrückt. „Was schleppst du denn da herum?"

„Kiefernzweige und alle möglichen Büschel. Ich mache ein Lager. Hinter dem Felsen habe ich eine Stelle gefunden, wo es ganz windstill ist. Der Stein ist sogar noch warm von der Sonne. Ich dachte, dort könnten wir …" Sie bricht ab, fügt unsicher hinzu: „Allein sein will ich nämlich nicht. In der Nacht und ohne Feuer."

„Wenn du unbedingt willst. Meinetwegen!" Ich zucke mit den Schultern. „Ich kann ja auch noch ein bisschen was rupfen. Besser als nichts."

Ich taste mich wieder bergab auf ein Gebüsch zu und reiße ab, was ich dort finde. Schließlich habe ich einen Armvoll Flechten, Grünzeug und Zweige beisammen. Mein Herz hat sich endlich beruhigt.

Mit meiner Ausbeute bepackt, gehe ich an dem Felsen entlang. Leonie finde ich nicht.

„Hier bin ich!", ruft sie. Ihr Lager ist so versteckt, dass ich es nicht gesehen habe. Dann finden es hoffentlich auch keine wilden Tiere. Wölfe. Oder Höhlenhyänen. Oder Höhlenlöwen. Oder was sonst noch alles in meinem Steinzeitbuch abgebildet ist.

Leonie hat eine Kuhle ausgepolstert, in die wir gerade so zu zweit passen. Sie hat richtig viele Sachen zusammengetragen. Zum Zudecken liegen Zweige bereit, über die sie Flechten und Laub gestreut hat. Ich lasse mich neben ihr nieder und breite auch noch das über uns aus, was ich gesammelt habe. Wir liegen Rücken an Rücken. Ich wärme sie und sie wärmt mich.

Der Platz ist gut, beinahe warm. Vom Wind ist nichts zu spüren, aber ich höre ihn, wie er um die Felsen pfeift. Sonst ist es still, unglaublich still.

Im Freien so gar nichts zu hören – das habe ich noch nie erlebt.

Dann ist da das hohe Sirren einer Mücke.

Es juckt mich. Ein Ast drückt. Kiefernnadeln pieksen. Ich setze mich wieder auf. Leonie auch.

Wie klar die Sterne funkeln. So viele Sterne sieht man in unserer Zeit nicht. Aber da sind ja auch die Nächte niemals so finster. Immer brennt irgendwo ein Licht. Hier nicht.

Wenn es in der Nähe Menschen gäbe, dann würden wir jetzt doch den Schein ihres Lagerfeuers sehen, oder?

Wir sind ganz allein.

Über dem Höhenzug geht der Mond auf. Ich beobachte, wie er immer weiter aufsteigt. Das Tal verwandelt sich. Der Fluss beginnt zu glitzern. Lautlos fliegt ein großer Vogel an uns vorbei.

Schön könnte es sein. Wenn ich hier mit Mama wäre, oder mit Papa, oder mit beiden.

Irgendwo schreit ein Vogel, ich glaube jedenfalls, dass es einer ist. Dicht vor meinen Füßen raschelt es leise. Dann ist es wieder ganz still.

„Timo?", fragt Leonie. „Was glaubst du – warum ist das passiert? Dass wir plötzlich in die Steinzeit geraten sind, meine ich."

„Ich weiß nicht", erwidere ich. „Vielleicht hat es was mit der Höhle zu tun."

„Oder mit dem Mammut." Sie kramt in ihrer Hosentasche, dann hält sie mir etwas hin: das kleine Mammut. Es passt genau in meine gewölbte Hand.

Wie schön es sich anfühlt, so rund. Mit den Fingerspitzen spüre ich die Muster, die hineingeritzt sind.

„Ich glaube, es war das Mammut, das uns hierhergezaubert hat", sagt Leonie. „Wir hätten es nicht von seinem Platz nehmen dürfen."

„Nicht wir. *Du* hast es von seinem Platz genommen", verbessere ich sie. „Dabei weiß man doch, dass man so was nicht einfach anfassen darf!"

„Ich habe doch nicht ahnen können, was dann passiert", gibt sie zurück.

Ich sage nichts mehr, streichle mit dem Daumen über das kleine Mammut, spüre den Rüssel und dann den großen Höcker auf dem Nacken.

Wenn wir es in die Gegenwart zurückbringen, werden wir damit berühmt – und reich. Dann habe ich so viel Geld, dass Mama bei ihrer Firma kündigen kann. Wir könnten nach Stuttgart oder Ulm ziehen, dann wäre ich nicht mehr so weit von Papa entfernt. Oder wir ziehen gleich in das Kaff von Caro und Leonie. Dann könnte ich Papa jeden Tag sehen und mit ihm jedes Bundesligaspiel im Fernsehen anschauen, mit ihm allein. Caro und Leonie interessieren sich ja doch nicht dafür.

Dann wird Papa irgendwann merken, wie es ist, wenn er seinen Sohn immer bei sich hat. Und dass das viel besser ist als mit Leonie, die sowieso nur blöd zu ihm ist: die Augen verdreht, wenn er sagt, wie schön sie Klavier spielt, und genervte Antworten gibt, wenn er sie etwas fragt – wenn sie überhaupt antwortet.

Leonie nimmt mir das Mammut wieder weg und steckt es ein. „Wir müssen es an seinen Platz zurückbringen", erklärt sie.

„Was?", fahre ich auf. „Du spinnst ja! Du hast wohl keine Ahnung, was für eine Sensation so ein Kunstwerk aus der Steinzeit ist! Das nehmen wir mit nach Hause."

„Aber wir kommen nicht nach Hause, wenn wir es nicht wieder in seine Nische in der Höhle stellen", erwidert Leonie.

Ich schlucke. Schlucke noch einmal. Mein Gefühl sagt mir, dass Leonie recht hat: Wir sind hierhergeraten, als wir das Mammut von seinem Platz genommen haben. Wir werden zurückgelangen, wenn wir es wieder an seinen Platz stellen. Klingt logisch.

„Morgen suchen wir die Höhle", sagt Leonie. „Und jetzt lass uns schlafen!"

7. Kapitel

Ich wache auf, weil ich friere. Ich setze mich auf und hauche in meine kalten Hände. Für eine Nacht hier im Freien bräuchte man mindestens eine Isomatte und einen Thermoschlafsack und nicht nur Zweige, Flechten und Gestrüpp.

Es wird langsam hell, aber die Sonne ist noch nicht aufgegangen. Aus dem Wäldchen im Tal dringt das Morgenlied der Singvögel. Sonst ist es ganz still, nicht einmal den Wind höre ich mehr.

Es ist unglaublich friedlich. Und die Luft ist so klar und frisch. Mir kommt es fast so vor, als würde sie nach Schnee riechen. Aber das ist ja Quatsch.

Am Hang bewegt sich etwas. Ich schaue genauer hin. Es sind Pferde, die in einer flacheren Senke bergab traben. Sie sind klein und stämmig und haben ein fahles Fell. Ihre Mähnen stehen in die Luft wie bei Zebras: Wildpferde. Jetzt sind sie am Wasser angekommen und trinken.

Leonie wälzt sich im Liegen herum. „Was ist?", murmelt sie verschlafen.

„Wildpferde", sage ich.

„Wo?" Sie setzt sich auf und schaut, dann steht sie sofort auf und beginnt ins Tal hinunterzusteigen. Wenn ein Mädchen Pferde sieht, ist es nicht mehr zu bremsen.

Ich folge ihr. Meine Beine sind steif vor Kälte. Langsam stakse ich den steilen Hang hinab und halte dabei nach allen Richtungen Ausschau. Könnte immerhin sein, dass hier auch andere Tiere sind, solche, denen wir lieber nicht begegnen möchten.

Vor lauter Umherspähen achte ich nicht auf den Boden, gleite auf dem Schotter aus, falle hin und rutsche mit lautem Gepolter ein Stück bergab. Als ich wieder Fuß fassen kann, hat sich die Pferdeherde zur Flucht gewendet.

„Blödmann! Jetzt hast du sie vertrieben!", beschwert sich Leonie und sieht ihnen nach. Anstatt sich darum zu kümmern, ob ich mir vielleicht wehgetan habe! Wenn ich mir jetzt zum Beispiel ein Bein gebrochen hätte … Ich darf gar nicht daran denken! Einen Arzt gibt es in der Steinzeit schließlich nicht – und ein Krankenhaus erst recht nicht. Höchstens Medizinmänner, die irgendwelchen albernen Hokuspokus veranstalten, statt einem zu helfen: um einen herumtanzen und so.

Es wird wirklich Zeit, dass wir uns darum kümmern, wie wir wieder nach Hause kommen.

Papa wird sich Sorgen machen. Vielleicht glaubt er, dass ich entführt worden bin.

„Was ist?", rufe ich Leonie zu. „Suchen wir jetzt endlich die Höhle und bringen das kleine Mammut an seinen Platz?"

Sie kommt zu mir zurück. „Ja klar", sagt sie und sieht zu der Felsgruppe weiter oben am Hang. Dann schaut sie ins Tal und wieder zur Felsgruppe. „Da muss eigentlich der Hexenstein sein", murmelt sie unsicher. „Aber ich weiß nicht, es sieht alles so anders aus …"

Ich schaue in die Richtung, in die sie zeigt. Ich meine den Felsen zu erkennen, der aussieht wie das Gesicht einer alten Frau. Aber ist er es wirklich? Die Frau hat einen Höcker auf der Stirn, der da nicht hingehört. Und außerdem endet das Felsengesicht am Kinn. In unserer Zeit ragt doch noch etwas wie ein Hals heraus …

„Na ja", sagt Leonie zögernd, „bis zur Gegenwart sind wohl noch Teile von dem Felsen abgebrochen, durch den Frost und so, und jede Menge Schutt und Steine sind durch den Regen weggespült worden und ins Tal gerutscht. Das ist die Erosion, die verändert die Landschaft. Das hat mir mein Papa erklärt."

Ich schaue sie kurz an. Es ist das erste Mal, dass sie von ihrem Vater redet.

„Jedenfalls ist es der Hexenstein! Rechts von ihm muss der Eingang sein", erklärt Leonie und steigt rasch bergauf. Ich keuche ihr hinterher.

Endlich kommen wir an der Stelle an, wo der Eingang der Höhle sein muss. Aber hier ist keine Höhle.

In diesem Augenblick strahlt die aufgehende Sonne den Felsen an. Da erkenne ich dicht über dem Boden einen kleinen Spalt. Ich lege mich hin und spähe hinein. Leonie macht es mir nach.

Erst sehe ich gar nichts, nur Dunkelheit. Doch dann leuchtet die Sonne über unsere Köpfe in den Spalt hinein und ich merke, dass er tatsächlich in eine Höhle führt. Ich kann die gegenüberliegende Wand sehen – und die Nische im Felsen, in der wir das kleine Mammut gefunden haben. Sie wird genau von der Sonne angeschienen.

Dorthin müssen wir das kleine Mammut zurückbringen, um wieder heimzukommen.

Aber der Spalt ist viel zu schmal, da passen wir nicht durch. Und außerdem geht die Höhle unterhalb der Nische senkrecht in die Tiefe. Da ist nicht der Boden, in den Leonie das Loch gegraben hat. Da ist ein schwarzer Abgrund.

8. Kapitel

Ich fühle mich noch immer wie vor den Kopf geschlagen. Obwohl ich ja längst alles kapiert habe: Das ist genau die Höhle, in der wir uns gestern tief unten wiedergefunden haben, nachdem wir in die Vergangenheit gebeamt worden sind. Und gleichzeitig ist es dieselbe Höhle, in der wir in unserer richtigen Zeit die kleine Mammutfigur gefunden haben. Auch wenn die Höhle völlig anders aussah und man einfach hineinspazieren konnte. Weil sie eben in den vielen Jahrtausenden, die seit der Steinzeit vergangen sind, aufgefüllt worden ist: mit der Erde, die hineingespült worden ist, und mit den Steinen, die abgebrochen und hinuntergestürzt sind, wegen dieser Ero-Dingsbums eben. Und weil außen ein Stück Felswand weggebrochen ist und den Eingang frei gemacht hat.

Und die kleine Nische für das Mammut, die Leonie beim Graben entdeckt hat, liegt hier in der Steinzeit hoch oben unter der Höhlendecke und ist durch den Höhlenschacht von uns getrennt. Wir können das kleine Mammut nicht zurückbringen.

Mich friert so, dass ich zittere. Wir kommen nie wieder heim.

Mama …

Sie ist in Hongkong und weiß von nichts.

Aber Papa ruft sie bestimmt an und erzählt ihr, dass ich verschwunden bin. Und sie kommt zu ihm und sucht mich mit ihm. Aber sie finden mich nicht.

Denn ich bin zwar in der gleichen Gegend, aber in einer anderen Zeit und kann auch keine Nachricht senden. Weil es keine Verbindung gibt von der Steinzeit in die Gegenwart und man nicht anrufen kann und keine SMS schicken und keine MMS und keine E-Mail, nicht einmal einen Brief. Und Mama wird ganz verrückt vor lauter Angst. Papa vielleicht auch …

Und ich, ich werde verrückt vor lauter Steinzeit. Und habe niemanden mehr. Nur Leonie.

„Es muss einen Weg zu dieser Nische geben", sagt sie. „Jemand hat doch das Mammut hineingestellt. Also war jemand dort!"

„Wahrscheinlich ist dieser Jemand von unten die Höhlenwand hinaufgeklettert", vermute ich.

Leonie springt auf. „Genau! Wir müssen den Ausgang suchen, zu dem wir herausgekommen sind, dann gehen wir auf diesem Weg zurück in die Höhle, klettern die Wand hoch und bringen das Mammut an seinen Platz! Das heißt …" Sie setzt sich wieder. „Wir können die Wand nicht hochklettern, oder?"

„Nein." Ich schüttele den Kopf. „Viel zu hoch. Und noch dazu im Finstern! Viel zu gefährlich."

Leonie nickt. Wir schweigen.

„Mein Papa könnte es", sagt sie schließlich. „Mit Haken und Seil. Der ist dauernd die Kletterfelsen bei uns in der Nähe hoch und außerdem ist er jedes Jahr zum Bergsteigen in die Alpen gefahren. Wenn er mich anseilen würde, dann würde ich es mich sogar auch trauen."

Ich sage nichts. Es hat alles keinen Zweck. Schließlich ist ihr Vater nicht da und meiner auch nicht und überhaupt niemand.

Die Tränen stehen mir ganz von allein in den Augen.

„Wir müssen jemanden finden, der uns hilft", sagt Leonie und schnieft. „Jemanden, der gut klettern kann. Sonst kommen wir nie wieder heim."

Ich huste ein bisschen, damit ich sicher bin, dass meine Stimme funktioniert. „Ja. Schließlich muss es hier Menschen geben. Suchen wir sie!"

Nebeneinander steigen wir den Hang hinunter. Beinahe hätte ich ihr die Hand hingestreckt. Damit sie nicht im Geröll ausrutscht zum Beispiel. Beinahe.

9. Kapitel

Stundenlang sind wir am Fluss entlang talabwärts gegangen – sechs, sieben Stunden, was weiß ich, meine Uhr ist stehengeblieben und Leonies auch. Uhren funktionieren wohl nicht in der Steinzeit, genauso wenig wie Handys.

Der Sonne nach zu schließen, ist Mittag jedenfalls schon längst vorbei. Einen Weg haben wir nicht gefunden. Wir mussten uns durch Steine und niedriges Gestrüpp, durch schüttere Wäldchen und um alle möglichen Sträucher herum unseren Weg bahnen. Meine Beine sind so müde, dass ich kaum noch laufen kann.

Ab und zu haben wir Tiere gesehen: einen Steinbock und Gämsen oben an den Felsen, Schneehasen und einen Eisfuchs, jede Menge Vögel und Fische. Aber keinen einzigen Menschen.

Dafür einen Höhlenbären! Ich habe gedacht, mein Herz bleibt stehen. So ein riesengroßes Monstrum! Das hat man selbst auf die Entfernung gemerkt. Zum Glück war er sehr weit weg und hat sich nicht für uns interessiert. Er ist ganz gemächlich durch den Fluss gewatet und auf der anderen Seite bergauf getrottet. Sonst wären wir jetzt vielleicht Hackfleisch in seinem Magen.

In meinem Magen ist ein einziges riesengroßes Loch. Das Wasser, das ich immer wieder trinke, fühlt sich in meinem Bauch an wie ein Klumpen kaltes Eisen. Hier wachsen zwar kleine rote Beeren, aber wir trauen uns nicht sie zu essen. Womöglich sind sie ja giftig.

Ich weiß nicht mehr weiter. Vielleicht kann man hier tagelang wandern, ohne jemandem zu begegnen – oder wochenlang. Aber so lang halten wir sowieso nicht durch.

Leonie bleibt stehen. „Noch weiter im Tal zu gehen, hat keinen Zweck!", sagt sie. „So treffen wir nie jemanden. Wir sollten den Hang hochgehen und von oben schauen, ob wir irgendwo in der Ferne Menschen entdecken können, oder wenigstens Zelte oder Rauch."

Sie hat recht. Nur fürchte ich, dass ich diesen steilen Hang nicht mehr schaffe. Aber ich kann doch nicht sagen, dass ich zu kaputt bin!

Wir schleppen uns bergauf, Schritt für Schritt, sagen keinen Ton, bleiben immer wieder stehen, schließlich müssen wir ja Ausschau halten. Der Hang nimmt und nimmt kein Ende. Das letzte Stück ist noch steiler. Ich krabble auf allen vieren. Leonie bleibt zurück. Vor ihr komme ich am Rand der Hochebene an und richte mich auf. Ein scharfer Wind fällt über mich her und nimmt mir fast den Atem – der Ausblick erst recht: Steppe bis zum Horizont, von sanften Erhebungen durchzogen, endlos weit. Kein Baum, kein Strauch erhebt sich über das hohe Gras. Es wiegt sich im Wind, wird fast bis zum Boden gebeugt. Zwischen dem Gras blühen Blumen und Kräuter in allen Farben. Darüber der tiefblaue Himmel. So schön ist es hier! Unberührt. Einfach Natur.

Ich werde ganz still. Schaue und schaue. Endlich bemerke ich in der Ferne ein paar vereinzelte Tiere. Sind es Hirsche oder Rentiere? Ich kann es nicht erkennen. Von Menschen keine Spur.

Ein Stück rechts von mir sehe ich einen Felsbrocken am Rand der Hochebene. Etwas kommt dahinter hervor. Ein dickes, spitzes Horn – nein, zwei. Und dann …

Ich ducke mich ins Gras, rutsche lautlos rückwärts zur Abbruchkante, lasse mich vorsichtig die steile Böschung hinunter und lande genau vor Leonies Füßen.

„Was ist denn mit dir los?“, fragt sie.

Ich lege den Finger auf die Lippen und mache ihr mit dem Kopf ein Zeichen, dass sie mitkommen soll. Ein Stück weiter unten ragt ein Felsen aus dem Hang. Ich laufe darauf zu und klettere hinauf. Leonie folgt mir. Hier sind wir in Sicherheit. Ich krächze heiser: „Ein Nashorn. Ein ausgewachsenes Wollnashorn!“ Plötzlich fange ich an zu zittern. Ich will heim.

„Was ist denn so gefährlich an Nashörnern?“, fragt Leonie ahnungslos. „Die fressen doch nur Grünzeug, oder?“

„Ja. Aber sie greifen jeden an, der ihnen zu nahe kommt – hab ich jedenfalls mal irgendwo gehört. Die können einen einfach so plattwalzen! Aber hierherauf kommt ein Nashorn nicht, glaube ich. Sie sehen nicht grad so aus, als könnten sie gut klettern!" Ich lasse mich auf die mit Flechten bewachsene Steinplatte fallen. Liege da. Warte darauf, dass mein Herz nicht mehr verrücktspielt.

So habe ich mir die Steinzeit nicht vorgestellt. Wie die Menschen es überhaupt geschafft haben, nicht gefressen oder plattgemacht zu werden, möchte ich mal wissen. Und wie es mit uns weitergehen soll, erst recht.

Von unserem Felsen haben wir einen weiten Ausblick. Wir können viele Kilometer ins Tal sehen, von dem ein schmales Seitental abzweigt.

Keine Hilfe. Nirgends.

Als ich klein war, hat Mama mir jeden Abend ein Bilderbuch vorgelesen, in dem der Großvater seinem Enkel von seiner Kindheit erzählt und gar nicht weiß, wie oft ihm sein Schutzengel geholfen hat. Wie der Engel damals dem Opa die Leiter festgehalten hat, damit er nicht runterfällt, und dem Haifisch das Maul zugehalten hat, damit der Opa nicht gefressen wird. So einen Schutzengel könnte ich jetzt gut gebrauchen.

Mir ist schlecht vor Hunger. Und ich bin so was von fertig. Am liebsten würde ich schlafen, aber sogar dazu bin ich zu kaputt. Mir fallen die Augen zu.

Bestimmt sitzt Mama schon im Flugzeug. Und dann fährt sie zu Papa und wohnt in Caros Haus, in meinem Zimmer. Und wenn sie beide Angst um mich haben, Papa und Mama, dann reden sie bestimmt miteinander. Vielleicht ergibt sich dadurch etwas, was sich bisher nie ergeben hat …

10. Kapitel

Ich schrecke auf. Etwas Lautes hat mich geweckt. Da ist es wieder – ein schreckliches Krachen. Ich öffne die Augen.

Es ist duster geworden, schwarze Wolken bedecken den Himmel. Da – ein greller Blitz zuckt herab. Ich kann gerade bis drei zählen, dann folgt der Donner. Das Gewitter ist schon fast über uns! Und wir sind hier auf dem Felsen, auf der höchsten Erhebung am Hang!

Leonie ist auch aufgeschreckt. „Wir müssen hier weg!", schreit sie. „Aber nicht ganz aufrichten, sonst werden wir vom Blitz erschlagen! Duck dich!"

Wir kraxeln den Felsen hinunter, rutschen gebückt ein Stück den Hang hinab.

Da sehe ich eine überhängende Felswand, die so etwas wie ein Vordach bildet.

„Dorthin!", rufe ich.

Wir sind gerettet. Wir drücken uns an die Felswand. Sie ist richtig warm, den ganzen Tag muss die Sonne darauf gebrannt haben. Noch einmal schaue ich in die Höhe. Das Felsendach schützt uns.

Schon bricht der Regen los. Er prasselt herunter, nur zwei, drei Meter von uns entfernt. Aber wir stehen im Trockenen. Blitz auf Blitz. Es hört gar nicht mehr auf zu donnern. Dann ein furchtbarer Schlag. Vor Schreck halten wir uns aneinander fest. Schnell lassen wir uns wieder los. Wir warten, bis das Gewitter vorbeizieht. Dann setzen wir uns auf einen aufgeheizten Stein dicht an der Felswand, lehnen uns an.

So sitzen wir, bis der Regen aufhört und die Nacht hereinbricht, eine sternenlose Nacht, so finster, dass ich von Leonie nicht das Geringste sehen kann.

Und unglaublich still. Aber ich höre Leonie atmen.

Plötzlich ertönt nicht weit von uns entfernt ein lang gezogenes Heulen. Ich bekomme eine Gänsehaut.

„Ist das ein Wolf?", flüstert Leonie.

„Vielleicht", gebe ich zurück.

Falls es kein Wolf ist – was könnte es sonst sein? Vermutlich nichts, was weniger gefährlich ist als ein Wolf, eher umgekehrt …

Dieses Heulen macht mich ganz verrückt. Ich halte mir die Ohren zu. Jetzt höre ich mein eigenes Blut. Poch, poch, poch, klopft es, viel zu schnell.

„Leonie?", frage ich.

„Ja?"

Keine Ahnung, was ich sagen soll. Ich will ja nur hören, dass sie da ist. Ich weiß selbst nicht, warum ich plötzlich frage: „Wo ist eigentlich dein Vater?"

„Am Südpol", antwortet sie.

„Sehr witzig", sage ich.

„Nein, wirklich!", beharrt sie. „In einer Forschungsstation. Für ein ganzes Jahr. Und er kann zwischendurch nicht raus."

„Echt? Und warum ist er ausgerechnet dort?"

„Vielleicht, weil es keinen Ort gibt, der noch weiter weg ist", sagt Leonie.

„Ja, aber ...", beginne ich und bleibe stecken. Ich setze neu an: „Deine Eltern – sind sie geschieden?"

„Nein. Nur getrennt."

„Dann – dann kommen sie ja vielleicht doch wieder zusammen?"

Sie antwortet nicht.

Erst nach einer langen Pause spricht sie weiter: „Er ist einfach ausgezogen, von einem Tag auf den anderen. Mir hat er jedenfalls vorher nichts gesagt. Mit Kindern redet ja sowieso kein Mensch."

„Und deine Mutter?"

„Die hatte ja schon einen Neuen. Mein Vater war kaum weg, da ist deiner bei uns eingezogen."

„Ach du Scheiße!", entfährt es mir.

„Kann man wohl sagen", bestätigt sie.

In der Ferne grummelt noch einmal der Donner. Wir rücken ein bisschen näher aneinander.

„Und dann?", frage ich und räuspere mich erst einmal. „Hast du deinen Vater gar nicht mehr gesehen?"

„Einmal noch, bevor er zum Südpol abgereist ist. Und seither halt über Skype. Ich telefoniere oft mit ihm, oder wir schreiben E-Mails."

Schade irgendwie, dass ich das mit meinem Papa nicht mache.

„Eigentlich rede ich jetzt mehr mit ihm als früher", fährt Leonie fort. „Früher hatte er nie Zeit. Aber trotzdem …"

„Trotzdem wäre es besser, er wäre wieder bei euch", ergänze ich ihren Satz.

„Ja", sagt sie. „Aber das geht ja nicht. Jetzt ist ja dein Vater da."

Schon verrückt. Leonie ist genauso wenig begeistert davon wie ich, dass mein Vater zu ihrer Mutter gezogen ist. Aber wie sie sagt: Kinder fragt ja keiner.

11. Kapitel

Ich bin in der Schule. Leonie sitzt neben mir. Wir haben Chinesisch. Die Lehrerin spricht was vor, wir sollen nachsprechen. Leonie schnattert los. Dann sieht die Lehrerin mich an …

Ich wache auf, öffne die Augen. Der Mund geht mir von selbst auf.

Zwei dunkelhäutige Kinder stehen vor uns und reden in einer völlig unverständlichen, seltsam klingenden Sprache auf Leonie ein.

Wir haben Menschen gefunden! Beziehungsweise sie haben uns gefunden. Wir sind gerettet!

Ein Junge ist es, etwas größer als ich, und ein höchstens sechsjähriges Mädchen. Lustig sieht es aus. Es lacht über das ganze Gesicht. Jede Menge schwarze Zöpfchen stehen ihm in allen Richtungen vom Kopf ab. In jedem Zopfende steckt eine Feder oder eine Blume. In ein Zöpfchen, das mitten in die Stirn hängt, sind weiße Perlen geflochten. Über die Ohren hat sich das Mädchen Kettchen aus Kernen gehängt. Es hat so etwas Ähnliches an wie eine lange Lederhose und eine kurzärmelige

Lederweste mit Fellbesatz, auf die jede Menge kleine weiße Knöpfe genäht sind, die gar nichts zu knöpfen haben. Das Mädchen ist barfuß genau wie der Junge. Der sieht nicht lustig aus. Er hat auch lange schwarze Haare, die er zu einem Knoten aufgesteckt trägt, und ist genauso gekleidet wie das Mädchen, nur ohne die Kettchen über den Ohren. Dafür trägt er eine Halskette mit drei Reißzähnen von irgendwelchen Raubtieren. In der Hand hält er einen langen Speer mit einer ziemlich gefährlich aussehenden weißen Spitze. Er lacht nicht.

Ich richte mich auf. Der Junge reagiert blitzschnell und richtet den Speer gegen mich. Ich bin wie gelähmt.

Leonie bricht in einen sinnlosen Schwall seltsamer Laute aus. Es kommt mir so vor, als würde sie zu dem Jungen reden, aber das kann ja nicht sein. Wir sprechen doch deren Sprache nicht! Nun dreht sie sich zu mir: „Sag ihm, dass wir friedlich sind und dass wir sie um ihre Hilfe bitten!"

„Wie soll ich das denn machen, wenn ich die Sprache nicht kann?", murmle ich und versuche, dem Jungen durch Zeichen klarzumachen, dass ich mich ergebe.

Endlich zieht er den Speer zurück und macht eine Kopfbewegung, die wohl bedeuten soll, dass ich aufstehen kann. Vorsichtshalber kreuze ich die Arme über der Brust. Das sieht friedlich aus, hoffe ich.

„Wie – du verstehst die Sprache nicht?", fragt Leonie stirnrunzelnd.

„Tu doch nicht so, als ob du das könntest!", entgegne ich gereizt.

„Doch, klar", erwidert sie völlig verblüfft und beginnt wieder auf die Steinzeitkinder einzureden. Ich verstehe die Welt nicht mehr.

Das Mädchen hat inzwischen offensichtlich Zutrauen zu Leonie gefasst. Es zupft an Leonies Jeansjacke herum, streicht mit dem Finger über die Glitzersteine, die auf die Taschen genäht sind, und interessiert sich dann brennend für ihre Uhr mit dem rosa Armband.

Leonie nimmt sie ab und macht sie dem Mädchen ums Handgelenk. Es hüpft vor Freude herum, als es entdeckt, dass man an dem Rädchen drehen kann und sich dann die Zeiger bewegen.

Da lege ich auch meine Armbanduhr ab und halte sie dem Jungen hin. Es macht ihm hoffentlich nichts, dass sie nicht mehr geht.

Der Junge sieht mich unter zusammengezogenen Augenbrauen an, nicht gerade freundlich. Was kann ich bloß tun, damit er sein Misstrauen verliert? Doch da bringt er etwas wie ein Lächeln zustande, lehnt den Speer an die Felswand, zeigt mir feierlich seine geöffneten Handflächen und nimmt die Uhr. Aber er bindet sie nicht um, sondern lässt sie in dem kleinen Beutel verschwinden, den er am Gürtel trägt. Dafür bringt er etwas anderes daraus zum Vorschein und hält es mir hin. Es ist ein Streifen getrocknetes Fleisch.

Ich nehme es an und kaue. Mir geht es gleich besser. Aber mir ist kalt. Dabei scheint die Sonne. Wir müssen ziemlich lange geschlafen haben, nachdem wir fast die ganze Nacht wach gewesen sind.

Der Junge sagt etwas zu Leonie. Ich merke, dass es mehrere Fragen sind, die ihr unangenehm sind. Man sieht geradezu, wie ausweichend sie antwortet und wie wenig ihm das gefällt.

Dann erklärt sie mir: „Er wollte wissen, wer wir sind und wo wir herkommen und wieso wir so angezogen sind. Ich habe ihm nur gesagt, wir hätten uns verlaufen und wüssten nicht, wie wir wieder nach Hause kommen sollen. Und dass wir ihn um Hilfe bitten. Mehr könnte ich ihm im Augenblick nicht erklären, ich würde es später tun. Und wir hätten Hunger. Scheint so, als ob er das akzeptiert, vorläufig. Jedenfalls sagt er, wir müssen ‚Wärmetee‘ trinken, weil wir die Nacht ohne Schlaffell verbracht haben. Sie werden uns den Tee machen und Forellen fangen und braten.“

12. Kapitel

Der Junge hat sein Feuerzeug dabei: zwei kleine, unscheinbare Steinstücke. Damit hat er Funken geschlagen und im Schotter neben dem Fluss Feuer gemacht. Leonie und ich haben brennbare Sachen gesammelt. Kaum hat das Feuer richtig gebrannt, hat er drei faustgroße Kieselsteine hineingelegt.

Ich wusste erst nicht, was das soll. Inzwischen weiß ich es. Echt genial!

Das kleine Mädchen ist ganz schön pfiffig. Es hat im Geröll eine tiefe Mulde freigeräumt und mit einem Stück Tierhaut ausgelegt, das es in seinem Lederbeutel bei sich hatte. Dann hat es den Beutel als Eimerchen verwendet, Wasser darin geholt und in die Mulde geschüttet. Und schließlich hat es mit zwei Stecken die erhitzten Steine aus dem Feuer genommen und vorsichtig in das Wasser gelegt.

Das Wasser hat gezischt und gedampft und schon nach wenigen Minuten gekocht. Dann hat das Mädchen irgendwelche Kräuter aus seinem Körbchen genommen, die es anscheinend schon am frühen Morgen gesammelt hatte, und ins Wasser geworfen. Vorher hat es ein paar Blättchen auf den Boden gestreut und dabei etwas Feierliches gemurmelt. Was das sollte, weiß ich nicht.

Mit Kräutern scheint es sich jedenfalls auszukennen. Seit wir den heißen Tee getrunken haben – der Beutel war auch unser Trinkgefäß – ist mir wieder richtig warm, von innen heraus. Wärmetee eben.

Und satt sind wir auch. Wir haben gegrillte Forellen gegessen. Die Fische haben im aufgestauten Wasser hinter einem Felsbrocken ganz still in dem ansonsten flachen Fluss gestanden. Der Junge hat sich mehrmals vor ihnen verbeugt und sie dann mit bloßen Händen gefangen. Es sah ganz leicht aus. Ist es aber nicht. Ich habe es jedenfalls nicht geschafft. Ich war zu langsam oder sie sind mir sofort wieder aus den Händen geflutscht. Es muss einen Trick geben, den ich nicht kenne.

Leonie hat mir übersetzt, was der Junge zu meinen Fangversuchen gesagt hat: Ich könnte keinen Erfolg haben, weil ich die Forellen nicht um Erlaubnis gebeten hätte, sie fangen zu dürfen. Wer's glaubt!

Trotzdem, die Kinder sind freundlich, das Mädchen sowieso, aber der Junge auch. Wir haben echt Glück gehabt.

Vielleicht habe ich ja wirklich einen Schutzengel und der hat den beiden Steinzeitkindern den Weg zu dem Felsendach gezeigt, unter dem wir geschlafen haben ...

Jetzt hocken wir friedlich um das wohlig warme Lagerfeuer. Leonie hat mit den beiden anscheinend schon Freundschaft geschlossen.

Es will mir nicht in den Kopf, dass sie die Steinzeitsprache kann. Leonie hat mir erklärt, dass sie auch nicht weiß, woher das kommt. Wenn sie mit den beiden redet, spricht sie in deren Sprache, ganz von allein. Das soll mal einer verstehen. Immerhin bildet Leonie sich nichts darauf ein.

Sie sagt, das kleine Mädchen heißt Urma und der Junge Firi. Leonie redet vor allem mit ihm, aber auch die Kleine beteiligt sich am Gespräch und kichert immer wieder. Ich sitze den dreien gegenüber und kapiere gar nichts.

Firi fängt wieder an, Leonie auszufragen. Ich merke, dass sie sich windet, dass sie überlegt, was sie sagen soll. Ich merke auch, wie verärgert er darüber ist.

„Was will er wissen?", erkundige ich mich.

„Er will jetzt endgültig erfahren, wer wir sind", erwidert sie. „Er sagt, wir hätten mit ihm gegessen und getrunken, deshalb müssten wir jetzt offen mit ihm reden. Außerdem brauchen wir ja jemanden, der uns hilft, das Mammut an seinen Platz in der Höhle zurückzubringen. Ich muss ihm reinen Wein einschenken."

„Ihm sagen, dass wir aus der Zukunft kommen?", frage ich entsetzt. „Und wenn er dann denkt, wir wollten ihn für blöd verkaufen?"

Leonie hebt die Schultern. „Lügen geht jedenfalls nicht", murmelt sie. Sie beginnt zu reden.

Wenn ich nur verstehen würde, was sie zu ihnen sagt! Ich kann nur die Reaktionen der beiden Kinder beobachten: Urmas unverhohlenes Staunen und Firis immer misstrauischer werdenden Blick.

Da fasst Leonie in ihre Hosentasche. „Nicht!", rufe ich aus. „Zeig ihm nicht das Mammut!" Aber sie hat es schon in der Hand. Schnell nehme ich es ihr weg und schließe die Finger darum.

Firi zieht scharf die Luft ein. „Ihr Frevler!", schreit er. „Ihr habt die Opfergabe des Schamanen aus der Höhle der Tiere entwendet und zerstört!"

„Opfergabe? Höhle der Tiere?", wiederhole ich. „Davon wissen wir nichts! Wir haben nichts zerstört! Wir haben das Mammut so gefunden, wie es ist, und wir wollten es auch gar nicht wegnehmen. Wir haben es nur angefasst, und da …"

Die Augen des Jungen werden schmal. Er sieht mich auf eine Art an, dass mir mehr als ungemütlich wird. Seine Stimme ist kalt: „Du verstehst also doch unsere Sprache! Du hast mich die ganze Zeit getäuscht, obwohl du mit uns gegessen und getrunken hast! Wie hinterhältig!" Damit spuckt er voller Verachtung vor mir aus.

„Nein, nein", stottere ich. „Du musst mir glauben, bitte! Ich weiß auch nicht, warum ich dich plötzlich verstehe!"

Er gibt ein kurzes höhnisches Geräusch von sich und fährt Leonie an: „Und du bist auch nicht besser! Du hast mich hinters Licht geführt!"

Leonie sieht völlig aufgelöst aus. Sie stammelt hilflos: „Timo! Ich kann plötzlich die Sprache nicht mehr verstehen! Und warum ist Firi auf einmal so zornig?"

„Weil wir das Mammut ...", beginne ich ihr zu antworten und umklammere die kleine Figur in meiner Hand.

„Steh auf, Verräter!", herrscht Firi mich an. „Kämpfe mit mir! Wenn du unterliegst, werde ich dich fesseln, ebenso wie deine ehrlose Schwester! Ich werde euch in Fesseln zu unserer Gruppe bringen! Los!" Damit tritt er vom Feuer zurück, zieht seine Lederweste aus und legt seine Gürteltasche ab.

Ich sehe seinen durchtrainierten Körper. Diese Muskeln ... Ich wusste gar nicht, dass man so viele davon hat. Gegen den habe ich jedenfalls nicht den Funken einer Chance.

Langsam stehe ich auf. „Hör mal", sage ich, „da kannst du uns genauso gut gleich fesseln! Aber wir sagen wirklich die Wahrheit, auch wenn es verrückt klingt. Wir bitten dich und deine Leute um Hilfe. Wir haben uns nicht verstellt. Erst hat Leonie deine Sprache verstanden, jetzt bin es plötzlich ich. Und dass wir das Mammut angefasst haben, tut uns so leid wie nur irgendwas!"

Ich öffne meine Finger und schaue auf die kleine Figur. Und da – auf einmal begreife ich. „Es ist das Mammut!", rufe ich aus. „Wer das Mammut trägt, kann die Sprache hier!" Damit gebe ich Leonie das Mammut zurück – und kann kein Wort mehr von dem verstehen, was Firi mir antwortet.

Dafür redet jetzt wieder Leonie auf ihn ein und legt beschwörend die Hand auf seinen Arm. Er zögert, nickt schließlich.

Leonie drückt mir das Mammut in die Hand. Da höre ich Firi sagen: „Nun gut. Glaube ich euch eben bis auf Weiteres. So seltsam, wie ihr gekleidet seid, so bleich, wie eure Haut aussieht, und so ungeschickt, wie ihr euch verhaltet, scheint ihr wirklich aus einer anderen Welt zu sein. Aber ich warne euch! Unsere Männer verstehen keinen Spaß mit Verrätern. Ich verzichte darauf, euch zu fesseln. Mir wegzulaufen, wird euch sowieso nicht gelingen!" Damit verzieht er verächtlich den Mund und wirft einen vielsagenden Blick auf seinen Speer.

13. Kapitel

Firi geht hinter uns mit seinem Speer. Wir sind in das enge Seitental abgebogen. Leonie und ich halten uns an der Hand, damit wir beide gleichzeitig das Mammut umfassen und uns mit Urma unterhalten können. Firi sagt keinen Ton.

„Bald sind wir da!", erklärt Urma aufgeregt. „Seht ihr den Felsen dort vorn? Dahinter ist unser Lager. Bestimmt ist das Baby schon geboren!"

„Das Baby?", fragen Leonie und ich gleichzeitig.

„Das Baby meiner Tante", sagt Urma. „Deshalb sind mein Bruder und ich doch nach Norden gegangen, um Beeren und Kräuter zu sammeln!"

Wir schauen sie verständnislos an. Da fragt sie verwundert: „Wisst ihr das nicht? Immer wenn ein Baby geboren wird, bleiben nur die Frauen und ganz kleinen Kinder im Lager und die Männer und älteren Kinder müssen aus allen vier Himmelsrichtungen etwas Essbares bringen, damit daraus …"

„Red nicht so viel, Urma!", geht Firi dazwischen. Die Kleine sagt nichts mehr.

58

Wenn die Tante der beiden heute ein Kind bekommen hat, dann können sie uns bestimmt gerade gar nicht brauchen …

Leonie drückt meine Hand. Ich drücke zurück.

Wir sehen das Lager erst, als wir wenige Schritte davorstehen, so geschützt liegt es hinter dem Felsen. Auf einem Absatz am Hang ein Stück über dem Tal sind drei niedrige Zelte aus kurzhaarigen Tierfellen um eine große Feuerstelle aufgeschlagen. Um das Feuer sitzen zwei kleine Mädchen und vier Frauen. Sie haben genauso dunkle Haut und dunkle Haare wie Urma und Firi. Nur die älteste von ihnen hat graue Haare und ein besonders wettergegerbtes Gesicht. Und eine der Frauen – sie scheint die jüngste zu sein – hält ein winziges, in ein

Stück Fell gewickeltes Neugeborenes an ihrer nackten Brust.

Ich muss hinschauen und schnell wieder wegschauen und doch wieder hinschauen.

„Wartet hier!", befiehlt Firi. „Keinen Schritt weiter!"

Wir bleiben stehen und beobachten, wie Firi und Urma auf die Gruppe zugehen, sich tief vor der alten Frau verbeugen, ihr geradezu ehrfurchtsvoll ihr Weidenkörbchen mit den Beeren und Kräutern überreichen und sich dann neben der Frau mit dem Neugeborenen niederkauern.

Sie bewundern das Baby und streicheln es und küssen der Mutter die Hände. Dann setzen sie sich wie die anderen ans Feuer und reden und reden – und alle sehen immer wieder zu uns herüber.

Sie sprechen über uns, das ist klar. Aber wir stehen zu weit weg und können nichts verstehen, nur ein paar Wörter aufschnappen: „Opfergabe" und „Schamane", „Mammut" und „Frevel".

Ich weiß nicht genau, was ein Frevel ist. Ich glaube, es ist so was wie ein Verbrechen. Und eine Opfergabe hat irgendwie mit Religion zu tun, denke ich mal. Ich habe allerdings nicht die geringste Ahnung, was die hier für eine Religion haben. Aber es ist ihnen ernst damit, das spüre ich. Es scheint wirklich schlimm für sie zu sein, dass wir das Mammut aus der Nische genommen haben. Verdammt!

Was ist eigentlich ein Schamane? Ein wichtiger Mann jedenfalls, so viel bekomme ich mit. Vielleicht eine Art Medizinmann wie bei den Indianern?

Leonie presst meine Finger so fest, dass sich das Mammut tief in meine Handfläche bohrt.

Ich wüsste nicht, was ich täte, wenn ich hier ganz alleine wäre.

Endlich winkt uns die alte Frau heran. Hand in Hand gehen wir näher. Vorsichtshalber verbeuge ich mich genauso tief, wie es eben Firi und seine Schwester getan haben.

Die Alte lädt uns mit einer Handbewegung ein, uns ans Feuer zu setzen. Dann betrachtet sie uns. Ihre Augen sind streng.

„Mein Enkel sagt, ihr behauptet, dass ihr aus einer anderen Welt kommt", erklärt sie, „aus einer zukünftigen. Und dass ihr unsere Hilfe benötigt, um wieder dorthin zurückzukehren."

Wir nicken. Ich habe nicht das Gefühl, dass wir sprechen dürfen.

„Er sagt ferner, dass ihr die Opfergabe des Schamanen zerstört und entwendet habt! Das bedeutet auch, dass ihr den Frevel begangen habt, unerlaubt die Höhle der Tiere zu betreten!"

„Das wussten wir doch nicht. Und das wollten wir auch nicht", antwortet Leonie. „Und zerstört haben wir erst recht nichts. Wir haben ja nur das kleine Mammut gefunden, weil ich einen Schatz verstecken wollte. Und Tiere haben wir keine gesehen."

Ich füge schnell hinzu: „In unserer Zeit ist die Höhle fast bis oben hin zugeschüttet, nur ein kleiner, heller Raum, in den man ganz einfach hineingehen kann, gar nichts Besonderes! Da konnten wir doch nicht ahnen, dass wir …" Ich weiß nicht weiter.

Die Alte hebt die Augenbrauen und schweigt lange. Dann erklärt sie: „Offensichtlich versteht ihr nicht. Unser Schamane hat die Opfergabe für die Tiergeister unter Einsatz seines Lebens hoch oben in der Höhle der Tiere so niedergelegt, dass der Strahl der Morgensonne der Gabe Kraft verleihe. Schlimm ist es, den Schamanen zu kränken. Doch weit schlimmer ist es, den Zorn der Tiergeister auf sich zu lenken. Wenn nun das Große Mammut erzürnt ist, was soll dann geschehen? Wie sollen wir ohne die Einwilligung des Großen Mammuts jagen, ist es doch die starke Bewahrerin und Beschützerin der Tiere? Wie könnten wir ohne die gnädige Erlaubnis des Großen Mammuts Tiere töten, um selbst zu überleben?"

Wenn ich nur richtig verstehen würde, wovon sie spricht! Es ist alles so fremd. Und die Frau ist so schrecklich ernst …

Die Alte sieht uns durchdringend an und fährt fort: „Wenn die Tiergeister sich gegen uns richten, droht uns Gefahr – und euch auch. Der Schamane wird es erkunden. Er wird über euch entscheiden. Vielleicht kann er das Große Mammut und die anderen Tiergeister versöhnen. Vielleicht hilft er euch. Vielleicht."

Sie macht eine Pause und sagt dann freundlicher: „Wir haben vor, uns im Großen Tal mit der Gruppe unserer Freunde zu treffen, um ein Fest zu feiern. Dort werden wir auch dem Schamanen begegnen, er gehört zu ihnen. Doch bis wir unser Lager hier abbrechen und zur Zusammenkunft mit den Freunden wandern können, vergehen noch Tage. Erst muss die Nabelschnur verscharrt sein." Einen Augenblick schaut sie lächelnd auf das Neugeborene, dann wendet sie sich wieder uns zu: „Bis dahin schützt euch das Gastrecht. Bis dahin seid unsere Gäste!"

Leonie bedankt sich sofort und ich tue es auch. Ich glaube, fürs Erste sind wir gerettet.

Ich habe eben doch einen Schutzengel.

Als hätten sie nur darauf gewartet, wenden sich jetzt die anderen uns zu. Die eine Frau nimmt ein aus Birkenrinde hergestelltes Gefäß und schüttet mit geheimnisvollem Gemurmel ein paar Tropfen davon auf die Erde. Dann lädt sie uns ein, daraus zu trinken. Es ist ein Saft, der süß und gut schmeckt. Die andere Frau wühlt mit zwei Aststücken in der Glut und bringt eine verkohlte Wurzel hervor, die sie vor uns auf einen Stein am Boden legt. Ich lächle höflich. Es scheint etwas Essbares zu sein, auch wenn es nicht so aussieht.

Ich warte, bis es nicht mehr so heiß ist. Dann mache ich vorsichtig das Schwarze ab, puste und stecke mir ein Stück von dem Zeug, das darunter zum Vorschein kommt, in den Mund. Es schmeckt eigentlich nach nichts Besonderem.

Die beiden kleinen Mädchen drängen sich um uns und beginnen neugierig, unsere Kleidung zu befühlen und uns mit Fragen zu überschütten, bis die Alte ihnen das verbietet.

Ich schaue kurz zu der Mutter mit dem Kind. Ich glaube, wir sollten ihr zu dem Baby gratulieren, doch ich weiß nicht, wie.

Inzwischen sind alle außer der jungen Mutter mit irgendetwas beschäftigt. Die Alte ritzt mit einer Art Stichel aus Feuerstein an einem Ding herum, das ganz in ihrer Hand verborgen ist. Die eine Frau köpft mit einem gezielten Schlag einen weißen Stein, der eine ähnliche Form hat wie eine größere, unregelmäßig gewachsene Kartoffel. Dann legt sie die geköpfte Steinknolle auf ein dickes Lederstück auf ihrem Schoß und schlägt ringsum in schmalen Stücken die Rinde ab, als würde sie den Stein schälen, bis überall das glänzende Innere zum Vorschein kommt. Die andere Frau knüpft mit einem feinen Faden, auf dem sie immer wieder herumkaut, in winzigen Knoten weiße Daunenfedern zu einem luftigen Gebilde zusammen. Vielleicht wird es ein Hemdchen für das Baby.

Firi schnitzt an dem Griff für ein Messer, während Urma die gesammelten Blätter und Kräuter sortiert, mit Pflanzenschnüren zu kleinen Büscheln bindet und diese an einem Gestell aufhängt.

Keiner redet mehr mit Leonie und mir. Keiner scheint uns zu beachten. Aber ich habe das Gefühl, sie beobachten uns trotzdem und bemerken auch die geringste Regung, die wir machen.

Was passiert, wenn die Männer zurückkommen? Wenn ich nur wüsste, wie es weitergeht!

Unsere Männer verstehen keinen Spaß mit Verrätern …

Die Alte hat ihre Schnitzerei beendet und zieht nun eine Lederschnur durch das kleine Ding, das sie hergestellt hat. Dann hält sie es in die Höhe: eine Figur aus Elfenbein. Sie sieht aus wie eine unheimlich dicke Frau ohne Kopf mit einem riesengroßen Busen und kleinen, kurzen Beinen. Irgendwie peinlich.

Feierlich legt die Alte der jungen Mutter die Kette um den Hals und sagt dabei: „Deine Brüste seien gesegnet, damit dein Kind sich sättige an unerschöpflicher Milch, auf dass es wachse und gedeihe. Dieser Segen gehe in Erfüllung durch die Kraft der Speise der vier Himmelsrichtungen und den mächtigen Zauber dieses Amuletts.

Es schütze dich vor allen bösen Einflüssen, die den Reichtum deines Milchflusses stören könnten!"

Ich spüre, wie ich rot werde. Ich weiß nicht mehr, wohin mit mir. Unruhig rutsche ich herum.

Da flüstert Leonie mir zu: „Wenn die Mutter keine Milch bekommt, muss das Baby verhungern. Hier haben sie ja keine Babyflaschen und keine Fertigmilch."

Ich muss schlucken. Daran habe ich nicht gedacht.

Mama hat mir mal erzählt, dass sie mich nicht stillen konnte und dass ich ein Flaschenkind war. In der Steinzeit hätte ich also gar nicht überlebt …

Die junge Mutter drückt die Lippen auf die seltsame kleine Figur. Dann legt sie das Baby an. Erst sucht es ein bisschen mit seinem Mund. Doch schon beginnt es zu nuckeln. Dabei hält es den Finger seiner Mutter mit seiner winzigen Faust fest umklammert.

Auf einmal kommt mir das Ganze gar nicht mehr peinlich vor.

14. Kapitel

Plötzlich hebt Firi lauschend den Kopf, steht auf, greift nach seinem Speer und verschwindet. Die anderen sehen ihm wachsam nach, doch dann scheinen sie beruhigt. „Nur die Jäger", sagt Urmas Mutter und beugt sich wieder über ihre Feuersteinknolle. Sie schlägt ein ganz flaches, schmales Stück davon ab, das fast aussieht wie eine Messerklinge, und beginnt es weiter zu bearbeiten.

Nach einer Weile kommt Firi mit zwei Männern zurück. Der eine ist noch ziemlich jung, höchstens sechzehn oder siebzehn Jahre, der andere deutlich älter.

Ich merke gleich, dass Firi ihnen alles über Leonie und mich erzählt hat.

Sie streifen uns nur mit einem kurzen Blick, der aber so misstrauisch und feindselig ist, dass mir ganz anders wird. Dann begrüßen sie die Frauen, bewundern das

Baby, beglückwünschen die junge Mutter und legen der Alten zu Füßen, was sie mitgebracht haben: einen Schneehasen und einen Schwan.

„Wir wollten im Westen ein Rentier schießen, aber es war uns nicht vergönnt!", sagt der ältere Mann und wirft Leonie und mir dabei einen finsteren Blick zu, als wären wir daran schuld.

„Oh, ein Schwan ist wunderbar!", erklärt die Alte. „Die Federn können wir bestens gebrauchen, um das Neugeborene weich zu betten. Und endlich kann ich aus den Schwanenflügelknochen zwei neue Flöten herstellen, da doch meine alte zerbrochen ist! Eine will ich dem Schamanen zum Geschenk machen, wenn wir die beiden Fremdlinge vor ihn bringen." Damit macht sie eine leichte Kopfbewegung in Leonies und meine Richtung.

Der Mann sieht uns scharf an. „Ihr beide seid also die Frevler, die in die Höhle der Tiere eingedrungen sind!"

Mein Hals ist wie zugeschnürt.

„Ihr habt es gewagt, die Opfergabe, mit der wir um immerwährendes Jagdglück flehen, zu rauben und zu zerstören!", schreit er.

Ich kann kaum mehr atmen. Warum reden alle davon, wir hätten eine Opfergabe zerstört, obwohl wir doch nur das Mammut genommen haben?

Leonie drückt meine Finger so fest, dass es wehtut. Sie hat genauso Angst wie ich.

Der Mann fährt mich an: „Wie lange ist es her, dass ihr den Frevel begangen habt? Nennt den Tag und die Zeit!"

„Vorgestern, am Nachmittag. Aber wir wussten doch nicht …", bringe ich mit Mühe heraus. Meine Stimme ist nur ein heiseres Krächzen, doch schon unterbricht er mich: „Nun offenbart sich alles! Zu der Zeit waren wir nahe daran, ein Mammutjunges von seiner Herde zu trennen und zu erlegen. Wir glaubten uns der Erlaubnis des Großen Mammuts zu dieser Jagd gewiss. Alles war, wie es sein muss, damit die Jagd gelingen kann. Der Geist des Jungtieres schien in die Jagd einzuwilligen. Aber dann bemerkte die Mammutkuh, dass ihr Junges fehlte, und richtete sich gegen uns – und uns blieb nichts, als unser Leben zu retten. Seither haben wir kein Großwild mehr erlegen können, sosehr wir auch die Tiergeister beschworen! Weil ihr durch die Entwendung der Opfergabe das Große Mammut erzürnt habt!" Mit einem Schritt ist er bei mir, packt mich mit einer Hand am Sweatshirt, zieht mich in die Höhe.

Ich muss Leonies Hand loslassen, halte das kleine Mammut fest umklammert. Hätten wir es doch niemals gefunden! Und vor allem niemals angefasst!

Er greift nach meiner Hand und quetscht sie so fest, dass sich meine Finger ganz von selbst

öffnen. Gleich nimmt er mir das Mammut weg und dann …

„Die Kinder sind unsere Gäste", höre ich da die feste Stimme der alten Frau. „Lass den Jungen los! Es ist die Sache des Schamanen, in der jenseitigen Welt zu erkunden, ob diese Fremdlinge die Tiergeister erzürnt und unser Jagdglück zerstört haben. Es ist die Sache des Schamanen, die Sühne für den Frevel zu verkünden. Also gib den Jungen frei! Und lass ihm das Mammut, es ist ohnehin entweiht."

Der Mann lässt mich los. Auf einmal sieht er nicht mehr drohend aus, eher besorgt – oder verzweifelt.

„So sei es", sagt er zu der Alten. „Hoffen wir darauf, dass der Schamane uns mit den Geistern versöhnen kann. Ich vertraue auf sein Urteil." Und dann zu Leonie und mir: „Esst mit uns! Trinkt mit uns! Teilt Feuer und Zelt mit uns! Aber seid euch bewusst, dass euch kein Gastrecht mehr schützt, wenn ihr vor dem Schamanen steht! Und seid euch bewusst, dass er besser als jeder andere von uns Umgang mit der jenseitigen Welt pflegt. Die Geister wissen, was geschehen ist. Wo immer ihr herkommt, wer immer ihr seid, was immer ihr getan habt: Es kommt alles ans Licht!"

Das hoffe ich sehr. Damit sie verstehen, dass wir das alles nicht mit Absicht gemacht haben und dass wir die Wahrheit sagen.

„Weißt du, was ‚Sühne' ist?", flüstere ich Leonie zu.

Sie schaut mich groß an. Ihre Augen sehen auf einmal ganz dunkel aus. „Ich glaube, so eine Art Strafe. Warum? Hat er so was gesagt?"

Ich nicke, schlucke. Leonie hat ja die letzten Sätze nicht mehr verstanden, weil ich ihre Hand loslassen musste. Schnell füge ich hinzu: „Aber jetzt sollen wir ihre Gäste sein. Es ist alles gut. Im Augenblick jedenfalls!"

15. Kapitel

Seit es dunkel ist, ist es fast gemütlich geworden. Leider haben die beiden anderen Männer, die noch zur Gruppe gehören, auch kein Glück mit ihrer Jagd auf ein Wildpferd gehabt. Sonst wüssten jetzt alle, dass wir nichts dafür können, wenn ihnen die Jagd nicht gelingt. Aber die beiden haben nur einen fetten Fisch aus dem Osten mitgebracht und zwei Murmeltiere aus dem Süden, das scheint nicht zu zählen. Was müssen die hier auch so einen Unsinn glauben!

Ich habe den Eindruck, auch die beiden zuletzt gekommenen Männer sind wirklich erschrocken, als die anderen ihnen von der Opfergabe und allem erzählt haben. Aber keiner hat uns mehr gedroht. Gastfreundschaft scheint etwas Unangreifbares zu sein. Zum Glück! Jedenfalls fühle ich mich sicher, erst einmal. Wenn allerdings der Schamane …

Nein, daran will ich jetzt nicht denken.

Inzwischen ist dem Hasen längst das Fell über die Ohren gezogen worden. Als „Kochtopf" hängt das ganze Fell wie ein Beutel an einem vierbeinigen Gestell.

Darin wird mit heißen Steinen im Wasser die „Speise der vier Himmelsrichtungen" gekocht. Mir ist längst aufgegangen, woher sie ihren komischen Namen hat. Von allem Essbaren aus dem Norden und Süden, Osten und Westen ist unter geheimnisvollen Sprüchen etwas hineingeworfen worden: vom Hasen und vom Schwan, vom Fisch und den Murmeltieren, von den Beeren und den Kräutern.

Urma hat uns gesagt, dass man nur ganz bestimmte Steine zum Kochen nehmen kann. Und dass es welche gibt, die im Feuer oder beim Abschrecken im Wasser zerfallen oder sogar so heftig zersplittern, dass es richtig gefährlich werden kann. Wahnsinn, worauf die Steinzeitmenschen alles achten müssen! Und was Urma schon weiß, obwohl sie in gar keine Schule geht! Anscheinend lernt sie eben von den Erwachsenen und außerdem von ihrem großen Bruder.

Seit Stunden köchelt die Speise jetzt schon vor sich hin. Wir essen derweil gegrillten Hasen, gegrillte Murmeltiere, gegrillten Fisch und gegrillten Schwan, dazu säuerlichen Kräutersalat und Beeren. Es schmeckt richtig gut, auch ohne Ketchup. Aber ehrlich gesagt ist es mir lieber, ich habe nur ein Schnitzel oder eine Wurst auf dem Teller und muss meinem Essen nicht vorher ins Gesicht sehen und zuschauen, wie es gehäutet und zerlegt wird. Ich habe jedenfalls dabei weggeschaut.

Die Frauen haben angefangen zu singen und wiegen reihum das Baby, das ziemlich viel weint. Anscheinend hat es Hunger. Die junge Mutter greift immer wieder ängstlich an ihre Brust und jammert, dass sie keine Milch für ihr Kind hat. Aber die anderen Frauen trösten sie, dass es morgen besser gehen wird, wenn sie erst die Speise der vier Himmelsrichtungen gegessen hat, die noch bis zum nächsten Mittag kochen muss.

Sie sagen es so oft, dass ich es schon fast selbst für wahr halte. Obwohl ich doch weiß, dass es nur Aberglaube ist, genau wie diese Frauenfigur aus Elfenbein, in die irgendwelche Zeichen geritzt sind. Ich vermute, die sollen einen Zauber darstellen.

Wenn es keine Babyflaschen gibt, keine Ärzte, keine Medizin und keine Wissenschaft, die einem alles erklärt, dann hält man sich wohl an Amulette, Zaubersprüche und lauter solche Sachen.

Ich würde ja ganz gern Firi danach fragen, aber der redet kaum noch mit uns. Er hält sich an die Männer, die sowieso kein Wort zu uns sagen. Dafür hat Urma uns in Beschlag genommen. Sie ist wirklich nett – und witzig. Ich bin froh, dass sie da ist. Aber nach der Sache mit dem Zauber frage ich sie lieber nicht, sie ist ja auch noch so klein.

Dauernd horcht sie uns über unsere Welt aus. Sie will wissen, was für Tiere es sind, die so eine Haut haben wie unsere Jeanssachen oder wie mein Sweatshirt, und wo man solche Glitzersteinchen findet, wie sie auf Leonies Jacke genäht sind. Sie fragt außerdem, welches Tier unser Schutzgeist ist und welche Tiere wir schon gejagt oder gefangen haben und ob wir die Spuren und Fährten aller Tiere lesen können. Sie erkundigt sich, wie unsere Zelte aussehen und ob wir im Winter in Höhlen leben oder in Hütten aus Zweigen, Fellen und Knochen.

Ich versuche ihr zu erklären, dass wir in Häusern aus Stein wohnen und unser Essen im Supermarkt kaufen und keine Spuren oder Fährten lesen, sondern Bücher. Aber das ist gar nicht so einfach. Dauernd fehlen mir die Wörter, denn „Haus" oder „Buch", „Fernseher" oder „Schule" gibt es in ihrer Sprache einfach nicht und ich muss die größten Verrenkungen anstellen, um die Dinge irgendwie zu umschreiben. Leonie versucht Urma zu erzählen, wie ein Computerspiel funktioniert, aber die glaubt ihr kein Wort und lacht sich halb kringelig.

Mich wundert nur, dass die anderen sich so wenig für die Zukunft interessieren. Das alles müsste sie doch beeindrucken. Tut es aber nicht, oder sie zeigen es nicht. Vielleicht glauben sie ja auch nicht, was wir erzählen.

Es ist inzwischen spät geworden. Das Baby hat aufgehört zu weinen. Die beiden kleinen Mädchen sind eingeschlafen und auch Urma wird immer einsilbiger.

„Es wird Zeit, zu schlafen!", sagt ihre Mutter. „Geh ins Zelt, Urma!"

„Aber Leonie und Timo sollen mitkommen und neben mir schlafen!", bettelt Urma sofort.

Ihre Mutter nickt. So kriechen wir hinter Urma in eines der Zelte und legen uns dicht nebeneinander in das schmale, niedrige Ende des dreieckigen Zelts. Urma nehmen wir in die Mitte. Später werden sich die Erwachsenen im Eingangsbereich zu unseren Füßen hinlegen, wo mehr Platz ist, erklärt uns Urma.

Wir liegen warm und einigermaßen weich auf einem dicken Fell mit langen Zotteln. Ein anderes, weicheres Fell decken wir über uns. Es stinkt. Aber das ist mir gleich. Endlich wieder eine Nacht, in der ich nicht halb erfriere und in der ich keine Angst vor wilden Tieren haben muss!

16. Kapitel

Es ist eigenartig. Wir sind noch nicht viel mehr als drei Tage hier, aber es kommt mir schon viel länger vor. Oder auch nicht. Es ist, als gäbe es keine Zeit. Oder unendlich viel davon. Als wäre nichts mehr wichtig, nur der Augenblick.

Es gibt schöne Augenblicke, viele sogar. Wenn wir morgens ganz früh aus dem Zelt kriechen und die Luft so klar und frisch ist. Wenn die Sonne aufgeht. Wenn ich es geschafft habe, selbst ein Feuer anzumachen. Wenn Leonie, Urma, Firi und ich durch das Wäldchen im Tal streifen und plötzlich einem Tier gegenüberstehen, das ich noch nie gesehen habe. Wenn wir vier miteinander einen kleinen Staudamm in einem Seitenarm des flachen Flüsschens bauen, sodass sich das Wasser knietief aufstaut und sich die Forellen dort einfinden. Wenn wir uns auf die warmen Schotterflächen unten im Tal neben dem Fluss legen und die Sonne alle Gedanken wegbrennt und wir dabei das Plätschern und Gluckern des Wassers hören, das Singen der Vögel und das Summen der Insekten.

Dann habe ich das Gefühl, dass mir nichts fehlt. Meine Wii-Konsole zum Beispiel. Das Fernsehen, obwohl ich doch früher dachte, ohne das kann ich nicht leben. Oder Schokoriegel. Nicht einmal Mama. Oder Papa. Für den Augenblick jedenfalls – im Prinzip natürlich schon.

Leonie geht es ähnlich, glaube ich. Sie ist hier anders als daheim. Na ja, hier muss sie jedenfalls nicht mitansehen, wie ihre Mutter mit einem anderen Mann zusammen ist, obwohl sie nicht einmal geschieden ist und Leonies Vater am Südpol ist und nicht wegkann …

Leonie trägt dauernd das Baby mit sich herum. Seine Mutter hat nichts dagegen.

Die Leute hier sind überhaupt freundlich. Sie lassen uns einfach bei sich leben und teilen alles mit uns. Sie haben sogar jedem von uns eine Fellweste gegeben, weil wir öfter gefroren haben, obwohl Firi ja behauptet, das seien jetzt die allerwärmsten Tage des Jahres. Da will ich nicht wissen, wie sich hier die allerkältesten anfühlen!

Keiner sagt mehr etwas Böses zu uns. Aber ich merke, dass sie sich Sorgen machen, wegen der Jagd, die ihnen noch immer nicht geglückt ist. Vielleicht machen sie sich auch Sorgen um uns.

Was wird der Schamane dazu sagen, dass wir das kleine Mammut genommen haben? Und was bedeutet es, dass sie behauptet haben, wir hätten die Opfergabe zerstört?

Wenn die Männer ums Feuer sitzen und an den Speerspitzen aus Elfenbein oder Knochen schnitzen und feilen (oder einfach nichts tun, was ziemlich oft vorkommt), reden sie miteinander – und wenn Leonie oder ich dazukommen, brechen sie ab und machen so seltsame Gesichter: kein gutes Zeichen.

Dafür redet Urma umso mehr mit uns. Heute hat sie mich gefragt, ob ich mit ihr auf die Höhe steige und ihr helfe, essbare Kräuter und Heilpflanzen zu sammeln. Ich habe zwar keine Ahnung von solchen Pflanzen, aber Urma will sie mir zeigen. Ich gehe mit ihr. Leonie hat mir das Mammut gelassen, damit ich mit Urma reden kann. Leonie singt dem Baby die neuesten Hits aus den Charts vor. Ihm ist es noch gleichgültig, in welcher Sprache die Lieder sind.

Mir ist immer noch nicht klar, wer der Vater des Babys ist, oder überhaupt, welche Frau hier eigentlich zu welchem Mann gehört. Wer die Mutter von welchem Kind ist, weiß ich längst. Aber mit den Vätern ist es schwierig.

Firi ist viel mit Rössokaroso zusammen, dem Mann, der mir anfangs so gedroht hat. Firi bewundert ihn sehr, das sieht man. Aber ob er sein Vater ist? Rössokaroso schläft nicht im gleichen Zelt wie Firis Mutter …

„Sag mal", frage ich Urma und keuche hinter ihr her bergauf, „wer ist denn …" Dein Vater, wollte ich sagen. Aber es geht nicht. Ich bringe das Wort nicht über die

Lippen. Dabei spreche ich die Sprache hier doch ganz
mühelos, wenn das Mammut in meiner Hosentasche
steckt. Ich versuche es anders, will fragen, wer mit ihrer
Mutter verheiratet ist, aber das geht auch nicht. Es gibt
einfach keine Wörter für diese Sachen.

„Was?", fragt Urma neugierig.

„Na ja", ich suche nach Worten, „ich
wollte nur wissen, welcher Mann eigentlich zu deiner Mutter gehört …"
Ich bekomme einen heißen Kopf.

Urma prustet los. „Du bist so
komisch!", kichert sie. „Ein Mann
gehört doch nicht zu einer Frau!
Ein Mann gehört doch zu sich selbst!"

„So habe ich das auch nicht
gemeint", murmle ich und gebe
es auf.

Die Familienverhältnisse hier
scheinen kompliziert zu sein. Es
gibt Mütter und Tanten und Großmütter, aber Väter gibt
es anscheinend nicht.

Vielleicht wissen die Menschen hier gar nicht, was
ein Vater mit der Geburt eines Kindes zu tun hat?
Schließlich haben sie keine Bücher und kein Internet,
wo alles erklärt ist …

Und doch hängt Firi eindeutig an Rössokaroso. Der
zeigt ihm, wie man einen Speer so austüftelt, dass er

eine gute Flugbahn hat, und erzählt ihm Geschichten. Darin geht es um die Geister, die angeblich in allen Dingen leben: in den Tieren, den Pflanzen und, wenn ich wirklich richtig gehört habe, sogar in den Steinen. Und es geht darum, wie man lebt und was man tut, damit die Geister einem gut gesinnt sind und einem nicht schaden.

Was macht Firi, wenn Rössokaroso eines Tages einfach seine Gruppe verlässt und zu einer anderen Frau geht? Wenn seine Mutter ihm nicht einmal sagen kann: Das ist dein Vater, der hat jetzt zwar eine andere Familie, aber Vater bleibt Vater, du kannst ihn einmal im Monat besuchen …?

Der steinige Steilhang geht in eine flachere Senke über, in der Blumen und Kräuter wachsen. Urma zeigt auf eine niedrige Staude mit unscheinbaren kleinen Blüten an langen Stängeln. Ich kenne sie, die gibt es auch bei uns, aber ich weiß nicht, wie sie heißt.

„Die ist leicht zu erkennen", erklärt Urma, „die kannst du sammeln! Aber nimm von jeder Pflanze nur drei Blätter, damit sie keinen Schaden erleidet! Und bitte jede einzelne darum, dass sie dir die Blätter schenkt und ihnen ihre Heilkraft verleiht!"

Ich komme mir ziemlich blöd vor, als ich mich hinknie und zu der Pflanze sage: „Bitte schenke mir drei von deinen Blättern und verleihe ihnen deine Heilkraft!" Total peinlich. Aber schließlich verlassen sich die anderen darauf, dass ich es so mache, wie es sich für sie gehört. Also mache ich es eben.

Je öfter ich es tue, desto selbstverständlicher wird es. Ich gehe immer weiter, die Augen auf den Boden gerichtet, knie mich jedes Mal hin, wenn ich so eine Pflanze finde, und rede mit ihr. Plötzlich finde ich die Vorstellung sogar schön, dass uns die Natur freiwillig etwas von sich schenkt und einem hilft, wenn man sie darum bittet.

Die Natur hier ist so groß und so stark und so wild. Ich komme mir klein vor dagegen. Und trotzdem fühle ich mich auf einmal irgendwie beschützt und aufgehoben, jedenfalls nicht so verloren, wie manchmal daheim zwischen den Hochhäusern und Bankentürmen.

Mein Körbchen ist halb voll mit den schmalen, spitzen Blättern, als Urma mich ruft: „Gehen wir zum Lager zurück! Mein Bruder scheint Neuigkeiten zu haben!"

Ich blicke den Hang hinunter und sehe, wie Firi vom Tal herauf zu den Zelten rennt. Gleichzeitig mit ihm kommen wir dort an. „Wisente!", sagt er außer Atem. „Am Fluss ist eine Herde!"

Die Erwachsenen schauen sich an. „Lasst uns die Jagd vorbereiten!", befiehlt Rössokaroso.

Ich denke, jetzt werden sie ihre Waffen zusammensuchen, aber sie rühren auf Steinen verschiedene Farben an: Rot, Schwarz und Weiß. Dann beginnen sie einen feierlichen Gesang mit vielen Verneigungen und malen sich gegenseitig Zeichen auf die Gesichter.

„Was machen sie?", frage ich Urma leise.

„Sie beschwören den Geist des Wisents und bitten darum, dass sie ein Wisent jagen dürfen und dass sich eines von ihnen töten lässt", gibt diese im Flüsterton zurück.

Auch Firi beteiligt sich mit den vier Männern, seiner Mutter und der Mutter von den beiden kleinen Mädchen an der Zeremonie. Dann nimmt jeder von ihnen drei Speere, verbeugt sich vor der alten Frau und geht los, Firi als Letzter. Nur die Mutter des Babys, die Alte und die kleineren Kinder bleiben mit uns zurück.

Ich habe ja geglaubt, nur die Männer würden jagen, aber da habe ich mich offensichtlich getäuscht …

Die Alte schließt die Augen, beginnt sich hin- und herzuwiegen und stimmt einen beschwörenden Gesang an. Vor ein paar Tagen wäre mir das noch komisch vorgekommen, jetzt nicht mehr. Ich glaube, sie ist in Gedanken ganz bei der Jagd.

Leonie sagt leise zu mir: „Es scheint eine gefährliche Jagd zu sein!"

Ich nicke und presse die Fäuste ans Gesicht. „Bitte, lass es gut ausgehen!", flüstere ich unwillkürlich vor mich hin. „Bitte, lass sie ein Wisent erlegen!"

Wenn die Jagd nicht gelingt, denken sicher alle, es würde daran liegen, dass wir das kleine Mammut genommen haben …

17. Kapitel

Alle warten – und tun so, als würden sie es nicht. Trotzdem spürt man die Spannung.

Die junge Mutter kniet am Boden und schabt mit einem Steinkratzer blutige Fleischreste und Fett von der Innenseite eines Schneehasenfells. Den Hasen haben sie in Schlingen gefangen. Er war die einzige Beute, die sie gestern gemacht haben.

Urma näht an einem Beutel. Sie sticht mit einem angespitzten Knochen Löcher ins Leder und zieht den Sehnenfaden hindurch. Die Alte schlägt eine Trommel und singt immer wieder die gleichen Tonfolgen. Sie ist so versunken, als sei sie gar nicht da.

Ich muss ständig darüber nachdenken, was da wohl jetzt unten im Tal passiert … Ich kaue auf dem Nagel meines kleinen Fingers herum, bis er abbricht. Leonie legt das Baby in seinen Korb, der an einem Gestell aufgehängt ist, und setzt sich neben mich. Ich glaube, ihr geht es wie mir.

Endlich tauchen drei Gestalten auf: die beiden Jägerinnen – und zwischen ihnen, von ihnen gestützt,

Firi. Er humpelt! Seine Lederhose ist zerfetzt, sein Bein blutet am Knie und am Schienbein. Ich kann gar nicht hinsehen.

„Es ist nur eine Schürfwunde, nicht weiter schlimm", sagt seine Mutter. „Aber die Jagd hatte keinen Erfolg – und das ist schlimm!"

Die alte Frau legt die Trommel beiseite und seufzt tief. Sie untersucht Firis Wunde und reinigt sie. Dann zerstößt sie eine Handvoll von meinen gesammelten Blättern. Sie füllt den Brei in ein feinmaschiges Netz und drückt ihn über Firis Bein aus, sodass der Saft auf die Wunde tropft. Dabei flüstert sie einen Spruch.

Ich bin froh, dass ich die Pflanzen um ihre Heilkraft gebeten habe, wie Urma es mir gesagt hat.

Ob das wirklich hilft, wie die Alte Firis Wunde behandelt? Ich hatte mal eine ähnliche Verletzung, die hat widerlich geeitert und ich musste damit zum Arzt …

Leonie stößt mich in die Seite und weist mit dem Kopf auf den Zugang zum Lager. Dort tauchen gerade die Männer auf. Rössokaroso geht vorneweg. Er ist verzweifelt, das sieht man.

Ich drücke Leonie das Mammut in die Hand und schließe meine Finger um ihre. So können wir beide verstehen, was Rössokaroso sagt. Ich wollte, ich hörte es nicht.

„Das ist der letzte Beweis, dass die Tiergeister uns zürnen!", stöhnt er. „Was soll denn jetzt werden? Aus uns – und aus euch? Wenn der Schamane …" Er spricht nicht weiter, sieht Leonie und mich an.

Ich schaue schnell weg. Mein Herz pocht schwer. Wie kann ich ihnen nur klarmachen, dass es nichts mit uns zu tun hat, wenn sie nichts erlegen können? Wie kann ich es vor allem dem Schamanen erklären? Ich weiß ja noch immer nicht richtig, was ein Schamane überhaupt ist. Aber dass unser Schicksal von ihm abhängt, das weiß ich.

„Viele Male ist uns bisher die schwierige Jagd auf ein Wisent geglückt!", setzt Rössokaroso neu an. „Doch die Tiergeister haben sich von uns abgewandt. Wohl konnten wir eine junge Kuh von der Herde trennen. Doch sie ließ uns nicht so nah an sich herankommen, dass wir unsere tödlichen Speere werfen konnten. Nicht näher als dreißig Schritt!"

„Aber das reicht doch", sage ich unwillkürlich. Auf einmal ist mir etwas eingefallen – etwas, was ihnen bei der Jagd helfen wird, damit sie nicht mehr glauben, wir hätten ihr Jagdglück zerstört. Die Lösung!

Er runzelt die Stirn. „Willst du mir sagen, auf welche Entfernung ein Speer mit der nötigen Kraft und Genauigkeit trifft?"

„Nein, ich, a-aber …" Vor Aufregung beginne ich zu stottern. Ich suche nach dem Wort, dem einen, das ich jetzt brauche – und das es in dieser Sprache nicht gibt. „Speerschleuder" will ich sagen und kann es nicht.

Ich bin mir ganz sicher, im Ferienprogramm im Museum haben wir das gelernt: Mit einer Speerschleuder kann man aus dreißig bis vierzig Metern Entfernung jagen und nicht nur aus fünfzehn wie mit dem einfachen Speer.

Aber Speerschleudern kennen die Menschen hier offenbar nicht, jedenfalls habe ich bei ihnen noch keine gesehen. Was nicht heißt, dass es sie nicht geben könnte. Man könnte sie machen …

Ich hole tief Luft. Dann beginne ich zu erklären.

18. Kapitel

Rössokaroso war erst ziemlich skeptisch. Aber Widleramu, der junge Mann, und Firi waren sofort begeistert. Sie haben mir von Anfang an geholfen. Widleramu hat den leicht gebogenen Ast besorgt, den ich für den Schaft der Speerschleuder brauche, und ihn entrindet, sorgfältig geglättet und an der Spitze abgeflacht. Firi hilft mir beim Schnitzen des Kopfstücks aus der Verzweigung eines Rentiergeweihs.

Seit ich mich in den Handballen geschnitten habe, macht er es allein. Frische Feuersteinklingen sind schärfer als Mamas schärfstes Küchenmesser und das will was heißen!

Inzwischen beteiligt sich auch Rössokaroso an der Herstellung der Speerschleuder. Er hat das Birkenpech zur Verfügung gestellt, den Steinzeitkleber, den wir brauchen, um den Kopf der Speerschleuder am Schaft festzukleben, ehe er zusätzlich zur Befestigung mit einem nassen Sehnenfaden umwickelt wird, der sich beim Trocknen festzieht. Und endlich, endlich ist die Speerschleuder fertig.

Sie sieht entschieden professioneller aus als die, die ich im Museum angefertigt habe. Ich hoffe nur, sie funktioniert auch.

Vor Aufregung zittern mir die Hände, als ich den Speer so auf die Schleuder lege, dass er auf dem Schaft ruht und mit dem Ende an das kleine Häkchen an der Spitze des Kopfstückes stößt. Ich versuche mich an alles zu erinnern, was ich über das Werfen mit so einer Schleuder gelernt habe. Ich umfasse das Ende des Schaftes fest

und halte dabei den Speer leicht mit dem Zeigefinger in seiner Position, stelle den einen Fuß ein Stück vor den anderen und gehe etwas in die Knie, winkle den Arm so an, dass der Unterarm senkrecht nach oben zeigt, und fixiere mein Ziel: einen niedrigen Birkenbusch in einiger Entfernung. Ich neige mich ganz leicht nach hinten und hole dreimal tief Luft. Und dann gebe ich meine ganze Kraft in diese eine Bewegung, werfe mich weit nach vorne, während ich den Schaft der Speerschleuder fest umklammert halte …

Der Speer zischt davon. Ich schaue ihm nach. Er fliegt und fliegt. Er trifft nicht in den Birkenbusch. Er fliegt weit darüber hinaus, fährt irgendwo in die Erde und bleibt zitternd stecken.

Keiner sagt einen Ton.

Endlich nimmt mir Rössokaroso die Speerschleuder aus der Hand, legt einen neuen Speer ein, stellt sich so hin, wie er es bei mir gesehen hat, und wiegt die Waffe in der Hand. Dann schleudert er den Speer. Seiner fliegt mindestens zwanzig, dreißig Meter weiter als meiner.

Ich räuspere mich. „Wenn man das Ende des Speeres mit Federn versieht, fliegt er noch besser", erkläre ich heiser. „Genauer, glaube ich."

„Was für eine Jagdwaffe! Was für ein Geschenk! Was für Möglichkeiten!", sagt Rössokaroso. Er legt mir die Hand auf die Schulter und sieht mir in die Augen. „Ich hielt dein Kommen für ein Unheil, Timo. Jetzt habe ich die Hoffnung, es erweist sich für uns als Segen."

Dann wendet er sich zu Widleramu und Firi: „Wir werden lange üben müssen, Jahre vielleicht, bis wir diese Waffe so beherrschen wie unsere Speere. Aber wir werden es lernen, werden die Flugeigenschaften verbessern, werden uns verbessern. Wenn die Geister es gestatten, werden wir dank dieser Waffe Tiere aus Entfernungen erlegen können, die für uns bisher undenkbar waren. Hier, Widleramu, sieh selbst!" Damit drückt er dem jungen Mann die Speerschleuder in die Hand.

Zu mir sagt er: „Unser Schamane legte die Opfergabe in die Höhle der Tiere, damit sie uns immerwährenden Jagderfolg bringe. Doch die Gabe brachte uns euch. Und ihr brachtet uns diese Waffe. Wenn das nicht eine wunderbare Fügung ist, mit der sich das Große Mammut uns gewogen erweist! Ich werde dem Schamanen davon berichten und für euch eintreten."

Auf einmal habe ich Tränen in den Augen. Dabei ist doch alles gut.

19. Kapitel

Vor einer Woche sind wir an diesem Lagerplatz einge-
troffen und waren alles andere als willkommen. Jetzt
brechen wir mit der ganzen Gruppe auf und wir gehören dazu. Mehr noch, wir werden geradezu verwöhnt.
Alle sind begeistert von der Speerschleuder. Die Jäger
und Jägerinnen haben in den letzten Tagen reihum beinahe ununterbrochen damit geübt. Und sie haben klei-
nere, leichtere Speere dafür hergestellt, die sich mit ihr
besser schleudern lassen.

Gejagt haben sie nicht. Wir haben die ganze Zeit
nur Grünzeug, Beeren und Fisch gegessen. Der Fisch
kommt mir schon bald zu den Ohren heraus.

Die Alte löscht das Feuer und murmelt einen ihrer
Sprüche, der fast so geheimnisvoll ist wie die Sprüche
der jungen Mutter, als diese die Nabelschnur ihres
Babys neben der Feuerstelle verscharrt hat.

Die Zelte sind schon abgebaut. Alles Mögliche liegt
herum: Steine natürlich, aber auch Teile eines Rentiergeweihs, Fischköpfe und -gräten, abgenagte Knochen,
Fellreste, Firis zerfetztes Hosenbein, ein kaputtes Wei-

denkörbchen und ein zerbrochener Speer, jede Menge Knochen- und Elfenbeinsplitter und was nicht noch alles. Schon cool, dass man hier nicht aufräumen muss, sondern einfach so weggehen kann.

Je zwei Erwachsene tragen die Fellplanen an der langen Zeltstange wie einen riesigen Beutel zwischen sich. Darin haben sie all ihre Habseligkeiten verstaut. Besonders viel ist es nicht, wenn man bedenkt, dass es ihr ganzer Besitz ist. Na ja, ich würde auch nicht so viel ansammeln, wenn ich es immer wieder tragen müsste! Sie wechseln ja alle paar Wochen ihren Lagerplatz, weil sie woanders Pflanzen und Früchte sammeln oder sich mit ihren Freunden treffen wollen oder weil die Tiere weitergezogen sind oder was weiß ich, weshalb …

Trotzdem scheint das Zeug ziemlich schwer zu sein – Leder und Fell, Holz und Steine eben, keine ultraleichten Mikrofaser- oder Plastiksachen. Firi schleppt ein großes Bündel. Seine Wunde ist gut verheilt, schneller als damals bei mir.

Wir bilden mit Urma den Schluss. Sie trägt ein kleines Bündel. Leonie und ich müssen nichts tragen. Trotzdem fällt es uns schwer, bergauf mit der Gruppe Schritt zu halten.

Endlich haben wir die Höhe erreicht. Die anderen stehen schon da und blicken zurück, nach Süden. Ich drehe mich um. Und kann es nicht glauben.

„Das gibt es doch nicht!", stößt Leonie hervor.

Wir schauen in die Weite, schauen über kahles hügeliges Land – und dahinter auf eine endlose, gigantische Schnee- und Eiswüste. Oder was ist das, was sich da bis zu der weißen Zackenlinie der Berge am Horizont auftürmt?

„Die Gletscher", sagt Leonie andächtig.

Ich muss schlucken. Ich weiß ja, dass in der Eiszeit die Alpen und das Alpenvorland unter Gletschern begraben waren – aber so nah hier bei uns! So riesig! So gewaltig! Und so schön …

Gletscherzungen schieben sich am Rand der großen Eiswüste vor, tragen riesige Felsbrocken mit sich und rücken Unmengen Geröll vor sich her, Ströme von Wasser entspringen hier und vereinen sich zu Flüssen und Seen …

Es ist nicht nur der eisige Wind, was mir den Atem nimmt.

„Das glaubt uns keiner, wenn wir wieder zu Hause sind!", sagt Leonie.

Ich nicke. „Wie gut, dass wir zu zweit sind."

Stundenlang wandern wir über die blühende, wogende Hochfläche, ehe wir wieder ins Tal absteigen. Die beiden spitz zulaufenden Zelte sehen wir schon von Weitem: die Zelte der Gruppe, bei der der Schamane lebt.

Und dann sind wir da.

Ich sehe drei Kinder, zwei Frauen und fünf Männer. „Welcher ist der Schamane?", flüstere ich Urma zu. Als sie ihn mir zeigt, kann ich es kaum glauben.

Ich hatte mir den Schamanen alt, mit weißem Bart und furchterregendem Blick vorgestellt. Aber er ist ein sehr drahtiger, jüngerer Mann, der freundlich und gelassen wirkt. Was ihn von den anderen abhebt, ist nur seine

rot gefärbte, über und über mit Elfenbeinperlen und Fuchszähnen bestickte Lederkappe.

Rössokaroso nimmt ihn gleich beiseite und spricht lang mit ihm. Sie reden über uns, über Leonie und mich, das merken wir, weil sie immer wieder zu uns herüberschauen. Und dann begutachtet der Schamane unsere Speerschleuder und lässt sie sich vorführen. Rössokaroso schleudert einen Speer damit unheimlich weit – ich glaube, das sind fast zweihundert Meter.

Jetzt winkt uns der Schamane zu sich. Ich hole tief Luft. Jetzt kommt es drauf an …

Er lässt sich von uns erzählen, wo wir herkommen und wie Leonie das Loch in der Höhle gegraben hat und wie wir das Mammut gefunden haben. Wie wir plötzlich in einer tiefen Höhle waren und gemerkt haben, dass wir in der Steinzeit gelandet sind. Das klingt alles so absurd! Wie soll einem das je ein Mensch glauben?

Seltsam, wie er uns zuhört. Er scheint uns weder für verrückt zu halten noch für Lügner.

„Erstaunlich", sagt er schließlich. „Meine Gabe an die Welt der Geister scheint euch hierherentführt zu haben und euch obendrein die Fähigkeit zu verleihen, unsere Sprache zu verstehen … Ich habe nie Vergleichbares gehört oder erlebt. Die Welt ist voller Geheimnisse und Wunder." Er wiegt den Kopf und sieht uns nachdenklich an. Sein Blick ist gut.

Auf einmal werde ich ganz ruhig.

„Ihr sagt, in der Nische unter der Höhlendecke fandet ihr nur die kleine Mammutfigur?", fragt er. „Ihr habt nicht den Beutel aus Mammutfell gesehen, in dem die Figur inmitten der vier Elemente ruhte – der roten Erde, der blau schimmernden Fischhaut, der schwarzen Holzkohle und der weißen Schwanenfeder?"

Wir schütteln beide den Kopf. Auf einmal verstehe ich, warum alle immer davon gesprochen haben, dass wir die Opfergabe zerstört hätten. „Nein", antworte ich, „ich weiß auch nicht, warum, aber da war nur das kleine Mammut."

Leonie stößt mich an. „Das Häufchen Erde, in dem das Mammut stand!", flüstert sie aufgeregt. „Die anderen Sachen sind mit der Zeit zu Erde geworden!"

Na klar! Ich schlage mir mit der Hand an die Stirn.

„Helft Ihr uns denn jetzt, das Mammut wieder in die Höhle zu bringen, damit wir in unsere Zeit zurückkehren können?", bittet Leonie den Schamanen.

Er hebt die Schultern. „An mir soll es nicht liegen. Ich kann euch helfen, die Felswand in der Höhle zu erklimmen. Aber ob das Große Mammut das erlaubt – das muss ich erst erfragen. Darüber entscheiden allein die Tiergeister. Doch nun lasst uns feiern! Die Geburt eines Kindes, das Geschenk einer erstaunlichen Jagdwaffe und der Besuch zweier Kinder aus einer zukünftigen Welt sind Grund genug! Wir haben heute in meiner Gruppe einen Moschusochsen erlegt – dass er sich jagen ließ, zeigt mir, dass uns die Geister nicht dauerhaft zürnen. Beginnen wir also das Festmahl, indem wir den von uns getöteten Moschusochsen ehren, ihm danken und ein Stück von seinem Herzen zu seinem Gedenken opfern! Er gab sein Leben, damit wir leben können."

20. Kapitel

Es ist Nacht geworden. Das „Festmahl" ist vorbei. Es bestand aus Unmengen von Fleisch, Fett, Gehirn, Knochenmark und Innereien und einer Art Blutwurst. Ich habe mich ans Fleisch gehalten.

Die Feier für den Moschusochsen fand ich etwas seltsam, ebenso wie die Vorstellung, dass sich der Moschusochse freiwillig hat töten lassen, damit die Menschen von seinem Fleisch leben können. Aber trotzdem – irgendwie war es auch schön, sich bei ihm zu bedanken. Weil es eben ein Tier war, das mal gelebt hat und noch immer leben würde, wenn es nicht gejagt worden wäre.

Schon komisch, über so etwas habe ich noch nie nachgedacht. Aber die Menschen hier, die tun es dauernd und reden vom Kreislauf des Lebens, der niemals endet, und bedanken sich bei allem, was sie essen, vor allem bei den Tieren.

Wahrscheinlich müsste man hier verhungern, wenn man keine Tiere essen würde, anders als bei uns. Brot und Käse haben sie schließlich nicht, auch keine Nudeln oder Kartoffeln, keinen Reis und keine Pizza – und

Schokolade und andere Süßigkeiten schon gleich gar nicht, oder dieses Sojazeug, von dem Mama so viel hält.

Mama – jetzt dauert es wahrscheinlich nicht mehr lang, und ich kann wieder heim. Hoffe ich jedenfalls.

Und wenn wir hierbleiben müssen, Leonie und ich? So schlimm finde ich den Gedanken gar nicht mehr.

Ich könnte lernen, mit der Speerschleuder zu jagen und Forellen mit der Hand zu fangen. Ich würde alle Werkzeuge und Waffen, die ich brauche, selbst machen. Ich würde lernen, ganz auf mich gestellt zu überleben und auch vor wilden Tieren keine Angst mehr zu haben, weil ich wüsste, wie ich mich verhalten müsste, damit sie mir nichts tun. Und ich würde jede Nacht diesen unendlichen Sternenhimmel sehen.

Ich könnte sogar die Sprache hier lernen, sodass ich mich auch ohne die Mammutfigur verständigen könnte, ein paar Wörter weiß ich schon. Und Deutsch könnte ich ja immer noch mit Leonie reden.

Sie müsste natürlich auch hierbleiben. Ohne Leonie, das wäre nichts. Weil ich dann keinen Menschen hätte, der etwas von unserer heutigen Welt versteht.

Aber Mama möchte ich schon wiedersehen. Und meine Freunde. Und Papa. Schade, dass man nicht in zwei Welten gleichzeitig leben kann oder abwechselnd.

Urmas Kopf liegt auf meinen Knien. Sie ist neben mir eingeschlafen. Ihr Gesicht glänzt von dem fetten Knochenmark, das sie aus den gekochten Knochenstücken herausgesaugt hat. Ich werde sie vermissen, wenn ich wieder daheim bin.

Die Alte bringt die beiden Flöten zum Vorschein, die sie in den letzten Tagen angefertigt hat. Die eine schenkt

sie dem Schamanen, auf der anderen beginnt sie selbst zu spielen.

Der Schamane fällt in ihr Lied ein. Sie spielen immer im Wechsel, einer nimmt die Melodie des anderen auf, führt sie fort, verändert sie. Wie ein Gespräch. Es klingt klar und hell und auf fremde Art schön. Weithin tönt das Lied in die Nacht.

Andere Erwachsene und Kinder fallen in die Musik ein. Auch Urma ist wieder aufgewacht und wippt im Takt der Musik. Eine Frau schlägt eine Trommel, mehrere Männer und Kinder klopfen mit Stöcken oder Knochen den Rhythmus. Ein Mann erzeugt irre Töne, indem er eine Sehne zupft, die in irgendein kleines Ding gespannt ist, das er sich in den Mund hält. Die anderen beginnen, ohne Worte zu singen und zu klatschen. Ganz unwillkürlich summe ich mit, probiere tiefe Töne aus, die mir in den Sinn kommen. Leonie neben mir summt hohe. Es passt alles zusammen, wie von selbst.

Dann gibt der Schamane die Flöte an Firi weiter, steht auf und beginnt zu tanzen. Er tanzt immer auf einer Stelle. Im flackernden Schein des Feuers sehe ich, dass er die Augen geschlossen hat. Mit hoch erhobenen Händen beginnt er sich zu schütteln. Die Musik wird immer lauter und schneller. Plötzlich bricht sie ab. Und der Schamane bleibt schlagartig stehen, mit weit in die Höhe gereckten Armen.

Es ist atemlos still unter uns. Nur das Feuer knistert. In der Ferne schreit ein Nachtvogel.

Viel Zeit vergeht. Der Schamane steht immer noch ganz still, die Hände in die Höhe gestreckt, das Gesicht zum Nachthimmel erhoben. Da müssen einem doch auf die Dauer die Arme wehtun!

Aber sein Gesicht zeigt keinen Schmerz. Es zeigt gar nichts, es ist einfach leer. Dann endlich ist es, als kehre das Leben in ihn zurück. Er nimmt die Arme herunter, öffnet die Augen und setzt sich. Noch gibt niemand einen Ton von sich. Alle schauen auf ihn.

Leonie schiebt mir das Mammut zu und hält meine Hand. Vielleicht macht sie es nicht nur, damit wir beide hören können, was der Schamane sagt.

Jetzt werden wir unser Schicksal erfahren, Leonie und ich.

Endlich beginnt der Schamane sehr langsam zu sprechen: „Die Tiergeister sind uns wohlgesinnt. Sie sind nicht erzürnt über die ahnungslose Entwendung meiner Opfergabe durch die fremden Kinder. Nur für eine Weile versagten sie uns das Jagdglück. Es diente letztlich unserem Heil – brachte es uns doch das Geschenk der neuen Waffe! Die Geister erlauben uns die Jagd mit dieser Waffe auf Rentier und Wildpferd. Sie verheißen uns damit ein Jagdglück wie noch nie, wenn wir dem ewigen Brauch gemäß jedes erbeutete Tier in Dankbarkeit ehren und seinen Geist versöhnen."

Er macht eine Pause und fährt dann sehr bestimmt fort: „Das Große Mammut gestattet, dass die Fremdlinge mit meiner Hilfe die Opfergabe in die Höhle der Tiere zurückbringen. Dadurch werden die beiden Kinder in ihre ferne Zukunft heimkehren. Dank sei dem Großen Mammut und den anderen Tiergeistern, die wir ehren werden, solange wir leben!"

21. Kapitel

Urma und Firi haben uns gemeinsam mit Rössokaroso und dem Schamanen den weiten Weg begleitet. Fast zwei Tage waren wir unterwegs. Nun stehen wir vor dem Eingang der Höhle und müssen schweren Herzens Abschied von den beiden Kindern nehmen. Sie dürfen nicht mit hinein.

Unsere Fellwesten haben wir ihnen schon zurückgegeben. Jetzt strecke ich ihnen die Hand hin. Viel reden können wir nicht, nur die paar Redewendungen, die Leonie und ich bisher in ihrer Sprache gelernt haben. Der Schamane hat uns das kleine Mammut abgenommen und zu den Sachen der vier Elemente in einen Beutel aus Mammutfell gesteckt.

Urma weint ein bisschen. Ich streiche ihr kurz über den Arm. Dann drehe ich mich rasch um, ehe mir auch noch die Tränen kommen. Hinter dem Schamanen und Rössokaroso gehe ich in den schmalen Höhlengang, durch den wir vor elf Tagen aus der Höhle herausgekommen sind. Leonie folgt als letzte. Elf Tage – mir kommt es eher vor wie elf Wochen!

Damals war es finster im Gang. Jetzt haben Leonie und ich Lampen: natürlich keine Taschenlampen, sondern ausgehöhlte, mit Tierfett gefüllte Steine, die mit einem Docht aus einem kleinen Wacholderzweig brennen.

Die Männer tragen Fackeln. Hinter ihnen zwänge ich mich um eine enge Kurve. Dann öffnet sich der Gang und ich stehe am oberen Ende des Schutthügels, der zum Grund des Höhlenschachts hinunterführt. Die beiden Männer sind schon unten angekommen.

Da … Unwillkürlich bleibe ich stehen. Halte die Luft an. Schaue und schaue.

Im flackernden Licht leben die Wände. Ein Mammut und sein Junges, Wisent hinter Wisent, grasende Rentiere, galoppierende Wildpferde, Löwen, geduckt zum Sprung, und noch ein Mammut, wunderschön …

Tiere über Tiere. Mir ist, als spürte ich sie. Ihren Geist. Ein Schauer rieselt mir den Rücken hinunter.

„Was ist? Warum gehst du nicht weiter?", fragt Leonie hinter mir.

Stumm mache ich ihr Platz.

Sie tritt neben mich. „Mein Gott!", stößt sie hervor.

Ich habe schon Fotos von Höhlenmalerei gesehen. Aber das hier, das ist so, dass es keine Worte dafür gibt. Auf einmal verstehe ich, dass dies eine besondere Höhle ist. Die Höhle der Tiere.

Die beiden Männer stecken ihre Fackeln in die Wand, knien nieder und verneigen sich so tief, dass ihre Stirn den Boden berührt. Leonie und ich steigen zu ihnen hinunter, knien auch nieder und verneigen uns genauso. Und ich komme mir nicht blöd dabei vor.

Der Schamane wechselt einen Blick mit Rössokaroso, dann sieht er mich ernst an und weist auf das Bild eines Wisents, das im Lauf den Kopf zurückwendet, als wolle es sehen, was hinter ihm geschieht.

Ich schlucke. Nicke. Sehe zu, wie der Schamane seinen Fuß auf den Stein unter dem Hinterlauf des Wisents setzt, wie er es an dem einen Horn fasst – oder besser gesagt: an dem hervorstehenden Stein, auf den das Horn gemalt ist. Der Schamane beginnt die Wand hinaufzuklettern. Seine Finger und Zehen krallen sich in kleine Spalten und Vertiefungen im Fels. Er klettert nicht senkrecht nach oben, sondern schräg seitlich die Wand hinauf, klettert über das gesenkte Geweih eines Hirschs, über den Rücken eines witternden Rentiers, läuft einen fast waagrecht verlaufenden Absatz entlang, klettert über Partien im Dunkel, die ich nur mit Mühe erkennen kann, und erreicht schließlich das kleine Podest hoch oben unter der Höhlendecke, die Stelle, wo die Wand vom Tageslicht beschienen ist, das durch die kleine Öffnung von draußen hereinfällt.

Ich sehe, dass er festen Stand sucht und sich mit einem Seil am Felsvorsprung festbindet. Er befestigt ein weiteres langes Seil daran, dessen freies Ende er in die Tiefe wirft.

Rössokaroso fängt das Seilende auf, bindet es mir mit raffinierten Knoten um Schultern, Brust und Hüften und prüft noch einmal, ob das Seil richtig sitzt und sich nicht zuziehen kann. Ein echter Klettergurt aus unserer Zeit wäre mir lieber, aber den gibt's hier nicht. Rössokaroso scheint wenigstens zu wissen, was er tut. Nun legt er mir die Hand auf die Schulter und macht eine Kopfbewegung die Höhlenwand hinauf.

Ich nicke und schaue zu Leonie. Ernst erwidert sie meinen Blick. „Nicht nach unten sehen, sagt mein Papa immer", flüstert sie. „Viel Glück, Timo!"

„Dir auch, Leonie", erwidere ich leise.

„Bis gleich dort oben", fügt sie hinzu und streckt mir die Hand hin. Ich drücke sie und hole tief Luft. Dann verneige ich mich vor Rössokaroso, setze meinen Fuß auf den Stein unter dem Hinterlauf des Wisents und greife nach seinem Horn.

Ich klettere den gleichen Weg wie der Schamane: Wisent, Hirsch, Rentier, Absatz. Ein Stück nach rechts. Dann der dunkle Abschnitt.

So dunkel ist er gar nicht. Ich erkenne die Felsspalten, in die mein Fuß passt, und die Vorsprünge, an denen ich mich festhalten kann. Ich spüre, wie der Schamane mich sicher am Seil hält und es immer weiter einholt, sobald ich ein Stück geklettert bin. Mir kann nichts passieren. Ich schaue nicht nach unten. Ich schaue immer nur auf das nächste Stück Wand.

Und dann bin ich oben. Tief atme ich auf.

Jetzt wage ich doch einen Blick in den Abgrund. Ich kann es kaum glauben: Das alles bin ich hinaufgeklettert, ich allein! Der Schamane hat nichts weiter getan, als mich zu sichern! Wenn ich das Papa erzähle – oder meinen Freunden …

Der Schamane bindet mich mit einem kurzen Seil an dem Vorsprung fest. Dann löst er das lange Seil von meinem Körper und wirft das freie Ende nach unten.

Eine Weile später ist auch Leonie bei uns angelangt. Gar nicht schlecht, wie die klettert! Aber sie hat ja auch einen Vater, der ihr das beigebracht hat.

Der Schamane löst sein eigenes Seil und bindet sie damit genauso fest wie mich. Das Sicherheitsseil wirft er nach unten. Dann stimmt er einen feierlichen Sprechgesang an, verneigt sich nach allen vier Seiten und legt uns ein kleines Beutelchen aus Mammutfell vor die Füße. Wir wissen, was da drin ist.

Er streicht uns zum Abschied über den Kopf und klettert zu Rössokaroso hinab. Unten verneigen sich die beiden Männer noch einmal, nehmen die Lampen und die Fackeln und gehen.

Wir sind allein.

Der Schacht unter uns liegt im Finstern. Von den Bildern an der Wand ist nichts mehr zu sehen.

Die Panik kommt ohne Vorwarnung, schießt plötzlich heiß in mir hoch. Mein Herz rast. Schweiß bricht mir aus. Wenn jetzt nicht alles klappt, wie wir es uns vorgestellt haben, wenn wir nicht in unsere Zeit zurückgelangen, dann hocken wir hier ganz allein auf einem winzigen Vorsprung unter der Höhlendecke und kommen nie, nie mehr von hier weg, verhungern, verdursten …

Luft, ich brauche Luft!

„Komm, Timo", sagt Leonie, „jetzt müssen wir es tun. Beide gemeinsam, damit nicht einer von uns hierbleibt!"

Sie hebt den kleinen Beutel auf, drückt ihn mir in die Hand, hält ihn aber selbst weiter fest. „Wir müssen uns bücken!", befiehlt sie. „Vorsichtig!"

Ich bekomme wieder Luft. Ich wüsste nicht, was ich täte, wenn Leonie nicht da wäre.

Langsam knien wir uns hin. Langsam schieben wir den Beutel in die Nische, halten ihn beide umklammert, legen ihn gemeinsam ab …

22. Kapitel

Wir kauern nebeneinander in der harmlosen hellen Höhle am Boden vor dem Loch, das Leonie gebuddelt hatte. Wir sind tatsächlich zurück! Der Spaten, die Taschenlampe, die Schatzkiste und Leonies Beutel liegen neben uns. Dafür sind die Schnüre verschwunden, mit denen der Schamane uns am Felsvorsprung festgebunden hat. Auch der Vorsprung ist weg. Und der Ausgang ins Freie ist wieder groß genug, um bequem nach draußen zu gelangen.

„Es ist vorbei", seufzt Leonie.

Ich kann noch nicht wieder sprechen. Ich hocke da und versuche zu begreifen, was geschehen ist.

Leonie leuchtet mit der Taschenlampe in das Loch. „Das Mammut", sagt sie. „Genauso wie vor elf Tagen!"

Ich starre in die Nische. Da steht es, das Mammut, nicht mehr weiß, wie es in der anderen Zeit aussah, sondern leicht gebräunt.

„Leb wohl, kleines Mammut", flüstert Leonie, nimmt den Stein, den sie an dieser Stelle ausgegraben hatte, und verschließt damit die Nische. Dann buddelt sie das

109

Loch wieder zu, sammelt ihre Sachen ein, steckt alles in den Beutel und steht auf. „Gehen wir!", erklärt sie.

„Ja. Unsere Eltern sind bestimmt schon ganz krank vor Sorge!"

Als wir im Freien sind, bleiben wir erst einmal stehen. Wie anders alles ist: die Luft wärmer und irgendwie klebrig oder stickig, ein fernes Dröhnen und die Geräusche der Autos unten im Tal. Und dann die Gegend …

Ich versuche, die Landschaft von heute mit der von damals in Übereinstimmung zu bringen. Die vielen Häuser und Straßen, die grünen Wiesen an den Hängen, der dichte Wald auf den Bergen gegenüber – alles ist so anders. Und das Tal war in der Steinzeit wirklich viel tiefer eingeschnitten. Aber vor allem ist nichts mehr von dem ganzen Geröll zu sehen.

„Verrückt, was?", sagt Leonie.

Ich nicke. Anscheinend denken wir jetzt schon das Gleiche.

Wir rennen den Weg bergab. An Wege bin ich schon gar nicht mehr gewöhnt. Von der Kirchturmuhr schlägt es drei. Unwillkürlich schaue ich auf mein Handgelenk. Meine Uhr ist nicht da. Natürlich nicht!

Als wir vor Leonies Haus ankommen, hält eben ein Auto und Leonies Mutter steigt aus. „Na, ihr zwei", sagt sie nur, als wären wir nicht elf Tage vermisst gewesen, „wo kommt ihr denn her?"

„Aus der Steinzeit", sagen wir beide gleichzeitig.

Caro lacht. „Na, das ist mal was Neues! Aber schön, dass ihr endlich miteinander spielt!"

Wir stehen da und schauen uns an. Ich bin wie vor den Kopf geschlagen. Leonie macht den Mund auf, macht ihn wieder zu.

„Du hast uns gar nicht gesucht?", bringe ich endlich heraus.

„Gesucht?", wiederholt sie verwundert. „Ich habe doch gesagt, dass ich Zeugniskonferenz habe."

„Zeugniskonferenz. Klar", murmle ich und muss mich erst mal auf die Stufe vor dem Haus setzen.

„Aber wir waren doch elf Tage weg! In der Steinzeit!", ruft Leonie aus.

Caro lacht nur, macht den Kofferraum ihres Autos auf und holt einen großen Einkaufskorb heraus. „Na, dann werdet ihr ja mächtig Hunger haben! Ich habe Pizza dabei! Pizza Hawaii. Pizza Mammut war leider aus." Sie kichert über ihren eigenen Witz, schließt die Haustür auf und verschwindet im Flur.

Leonie setzt sich neben mich. „Es ist aussichtslos", seufzt sie. „Die glaubt uns nie, was wir erlebt haben."

„Hm, dass hier anscheinend gar keine Zeit vergangen ist …", wundere ich mich.

Leonie nickt. „So war das in dem Buch auch, du weißt schon, in dieser Zeitreisegeschichte. Wenn man in die Vergangenheit reist, dann vergeht in der Gegenwart keine Zeit, oder nur ganz wenig."

„Dabei gibt es so was doch gar nicht: Zeitreisen", sage ich und muss grinsen.

„Genau", bestätigt Leonie und grinst auch.

23. Kapitel

Papa glaubt uns genauso wenig wie Caro. Schlimmer noch: Er hört uns gar nicht erst zu. Kaum ist er heimgekommen, schnappt er sich die Zeitung und vertieft sich in den Sportteil.

„Rössokaroso hat gedacht, wir wären dran schuld, dass sie keinen Jagderfolg haben", versuche ich es noch einmal. „Weil wir das Mammut genommen haben."

„Ja", sagt Leonie, „aber als ich schon gedacht habe, jetzt ist alles verloren, da hat Timo die rettende Idee gehabt und den Menschen dort gezeigt, wie man eine Speerschleuder baut!"

„Wahnsinn!", tönt es hinter der Zeitung hervor.

Endlich – das hat ihn erreicht!

„Das gibt es doch nicht!", stöhnt Papa, ohne die Zeitung herunterzunehmen. „Der Müller ist schon wieder verletzt!"

„Den kann man doch vergessen!", sagt Leonie erbost. Ich glaube nicht, dass sie den Müller meint. Sie springt auf, läuft aus dem Zimmer und knallt die Tür hinter sich zu.

„He! He!", schimpft Papa, aber dann greift er schon zur Fernbedienung und schaltet den Fernseher ein.

Gleich beginnt das Fußball-Länderspiel: Zwei Länder gegeneinander, von denen noch nie jemand gehört hat, ich jedenfalls nicht.

„Papa", versuche ich es noch einmal, aber da ist gerade der Anpfiff und er hat nur noch Augen und Ohren für das Spiel. Wenn wenigstens Deutschland spielen würde, dann könnte ich es vielleicht noch verstehen …

Ich gehe auch und knalle die Tür noch lauter zu.

In Papas Zimmer starte ich sein Notebook. Das Passwort hat er mir mal verraten. Ich hab mich gefreut, weil mein Geburtstag drin vorkommt. Aber vielleicht hat er das nur gemacht, damit er meinen Geburtstag nicht wieder vergisst, so wie damals vor zwei Jahren.

Bei *Google* gebe ich „Höhlenmalerei" ein. Ich finde eine Menge Tierbilder aus der Steinzeit aus Höhlen in Frankreich und Spanien. „Hey, Leonie, komm doch mal her!", rufe ich durchs Haus.

Sie setzt sich neben mich. Wir schauen uns die Bilder an. „Unsere Bilder in der Höhle waren noch viel schöner", stellt Leonie fest, „die ganze Stimmung."

„Ja." Ich nicke. „Aber außer uns wird sie nie ein Mensch aus unserer Zeit sehen."

„Wieso?", fragt Leonie. „Vielleicht wird die Höhle ja mal ausgegraben!"

Ich schüttle den Kopf. „Selbst wenn! Von den Bildern wäre nichts mehr zu sehen. Im Museum haben sie uns erklärt, dass sich bei dem Klima in Deutschland Höhlenbilder nicht gehalten hätten, falls es überhaupt welche gegeben haben sollte."

„‚Falls' ist gut!", sagt Leonie. „Dann bleiben wir also die einzigen, die die Bilder gesehen haben? Von uns heutigen Menschen, meine ich."

„Ja."

„Und überhaupt würde uns ja doch niemand glauben! Wenn schon meine Mutter und dein Vater nichts davon hören wollen!"

Ich surfe weiter und entdecke Fotos von kleinen Figuren aus der Steinzeit: Tiere und komische Wesen, die halb Mensch und halb Tier sind, und sogar eine dicke Frau ohne Kopf, die ganz ähnlich aussieht wie das Amulett, das die junge Mutter um den Hals getragen hat wegen der Milch für ihr Baby. „Die Venus vom Hohle Fels" wird sie genannt. Wir bekommen heraus, dass sie erst vor ein paar Jahren bei einer Ausgrabung gefunden wurde und dass sie mindestens 35 000 Jahre alt ist – die älteste Menschenfigur, die man bisher kennt. Angeblich weiß man nicht sicher, was für eine Bedeutung sie für die Menschen damals hatte. Aber wir wissen es!

„Das heißt ja, dass wir wohl mindestens 35 000 Jahre zurück in der Vergangenheit waren!", stellt Leonie fest. „Wahnsinn!"

Ich nicke und gebe „Speerschleuder" ein. Da steht, die älteste Speerschleuder, die man kennt, sei über 18 000 Jahre alt.

„Aber wir haben sie doch den Menschen viel früher gebracht", murmle ich. „Heißt das, wir haben die Vergangenheit verändert und jetzt stimmt nicht mehr, was in den Büchern steht? Und die ganze Geschichte ist dadurch anders gelaufen?"

„Hör auf", sagt Leonie, „da kriege ich ja einen Knoten ins Hirn! Lass mich mal ran!" Sie gibt den Namen des Feriendorfes in Dänemark ein, in das wir fahren werden.

Sie surft ein bisschen und findet heraus, dass es dort in der Nähe ein Freilichtmuseum gibt, wo im Sommer Menschen wie in der Wikingerzeit leben. „Da können wir beide vielleicht mal hin. Die Steinzeit kennen wir jetzt ja schon!", sagt sie und lacht.

„Okay. Machen wir", antworte ich und zucke mit den Schultern.

24. Kapitel

Mitten in der Nacht wache ich auf und kann nicht wieder einschlafen. Ich wälze mich hin und her. Dann stehe ich auf und schaue aus dem Fenster. Man sieht ein paar Sterne, aber die Straßenlaternen sind viel zu hell.

Ich gehe zurück ins Bett, mache meine Nachttischlampe an, nehme mein Handy und wähle die Nummer von Mama. In Hongkong ist schließlich längst Tag.

Sie meldet sich. Einen Augenblick sage ich nichts, weil ich daran denken muss, dass ich ihre Stimme beinahe nie wieder gehört hätte. „Timo?", fragt sie. „Bist du dran?"

„Ja." Ich räuspere mich. „Ich hab dir viel zu erzählen."

„Warte, ich rufe dich sofort zurück, das ist billiger. Bis gleich, ja?"

Ich nicke. Das mit dem Erzählen, das verschiebe ich vielleicht lieber, bis sie daheim ist. Ich möchte ihr Gesicht sehen, wenn ich ihr von der Höhle erzähle und von Firi und Urma und dem Wollnashorn und dem Schamanen …

Da klingelt mein Handy schon.

„Timo", sagt Mama, „es tut mir leid. Ich habe deine SMS erst vor zwei Stunden gelesen. Die halbe Nacht hatte ich Sitzung, dann war mein Akku leer und … Na ja, jedenfalls war es dann zu spät, dich noch anzurufen, ich dachte doch, du schläfst. Was ist denn, was willst du mir erzählen, mitten in der Nacht? Ist es so schlimm?"

Ich weiß einen Moment gar nicht, wovon sie redet. Meine SMS – das ist schon so lang her.

„Geht schon", antworte ich.

„Hör mal", sagt sie, „wenn du mit Caro und Leonie gar nicht zurechtkommst, dann finden wir schon eine Lösung. Was sagt denn dein Papa dazu?"

„Papa sagt gar nichts. Und vor allem hört er nichts. Er liest den Sportteil und schaut Fußball!"

Sie seufzt übertrieben: „Männer und Fußball!" Dann sagt sie: „Weißt du, wenn du sonst am Wochenende oder im Urlaub bei deinem Papa warst, hat er sich immer richtig Zeit für dich genommen. Das war was Besonderes. Jetzt erfährst du das normale Leben – und das ist nicht immer so prickelnd."

„Kann man wohl sagen", erwidere ich.

„Aber er hat dich trotzdem lieb."

„Weiß ich doch!"

„Jedenfalls, wenn du es ganz unerträglich findest, mit den dreien nach Dänemark zu fahren, dann musst du das nicht. Vielleicht kannst du zu Oma und Opa, bis ich wieder heimkomme."

„Nee, lass mal", sage ich. „Alles okay. Ich besuche mit Leonie in Dänemark ein Freilichtmuseum, wo man wie in der Wikingerzeit leben kann. Vielleicht dürfen wir dort auch ein paar Tage bleiben."

„Mit Leonie? Ich denke, die ist so gemein zu dir?"

„Ach", sage ich, „passt schon!"

Nachwort

Nein, Zeitreisen gibt es nicht – und magische Tierfiguren, die die Fähigkeit verleihen, eine fremde Sprache zu verstehen, auch nicht. Das ist Fantasie: einfach ausgedacht. Auch die „Höhle der Tiere" ist erfunden. Doch die altsteinzeitliche Welt, in die Timo und Leonie geraten, könnte einmal so gewesen sein: vor über 35 000 Jahren in Süddeutschland, im Gebiet der Schwäbischen Alb.

Vor rund 40 000 Jahren, zu Beginn der sogenannten Jüngeren Altsteinzeit, hatten erstmals Menschen wie wir Süddeutschland erreicht. Anfangs lebten sie noch gleichzeitig mit ihren europäischen Vorgängern, den letzten Neandertalern – den Menschen der Mittleren Altsteinzeit.

Die „neuen" Menschen kamen ursprünglich aus Afrika und waren im Laufe vieler Jahrtausende nach Mitteleuropa eingewandert. Sie fanden eine Umwelt vor, die – wie in der Geschichte von Timo und Leonie geschildert – stark von der letzten Eiszeit mit ihrem kalten und trockenen Klima und den strengen Wintern geprägt war. Die Alpengletscher reichten damals bis ins Alpenvorland hinein. Den Menschen gelang es dank ihrer Intelligenz, gut mit den rauen Bedingungen zurechtzukommen.

Sie haben nicht aufgeschrieben, was sie erlebt und gedacht haben. Wir wissen deshalb heute nur das über sie, was Archäologen und andere Wissenschaftler im Boden an Spuren von ihnen und ihrer Umwelt gefunden und gedeutet haben. Zum Glück für die Archäologen haben die Menschen an ihren Lagerplätzen viele Abfälle zurückgelassen sowie Gegenstände, die sie nicht mehr benötigt haben, wenn sie weitergezogen sind. Die Menschen hatten nämlich keinen festen Wohnsitz. Sie waren Jäger und Sammler und schlugen ihr Lager immer dort auf, wo es für sie gerade besonders günstig war. Im Laufe der Zeit wurden diese verlassenen Lagerplätze oft von Erde bedeckt. Wenn die Archäologen heute eine solche Stelle entdecken, können sie die Reste ausgraben.

Viele wichtige Funde stammen aus den Höhlen der Schwäbischen Alb. Dennoch waren unsere Vorfahren keine „Höhlenmenschen". Sie suchten dort nur manchmal Schutz, vor allem im Winter und im Frühjahr.

Doch was finden die Archäologen an ehemaligen Lagerplätzen in der Erde? Nur Abfälle und Gegenstände aus Stein, Mammutelfenbein, Geweih oder Knochen. Dinge, die vielleicht einmal aus Fell, Leder, Holz,

Pflanzenfasern, Baumrinde, Federn oder Fischhaut hergestellt worden sind, lassen sich nicht mehr erkennen. Sie sind im Boden wieder zu Erde geworden. Dennoch haben die Wissenschaftler wie Detektive viel über die damaligen Menschen herausbekommen: über ihre Werkzeuge und Jagdwaffen, ihren Schmuck und ihre Kunstwerke, ihre Jagdtiere und ihre Umwelt sowie darüber, wie die Menschen ihr Leben bewältigt haben.

Auf der Grundlage dieser Erkenntnisse habe ich die Geschichte erfunden und von der damaligen Natur und vom Alltag der Kinder und Erwachsenen erzählt, auf die Timo und Leonie treffen.

Doch welche Vorstellungen vom Zusammenleben die damaligen Menschen hatten, wissen wir nicht. Lebten sie in Familien? Wer beteiligte sich an der Jagd: Männer, Frauen oder beide, vielleicht auch die älteren Kinder? Wer hatte am meisten Ansehen – oder waren alle gleich? Da sind wir auf Vermutungen angewiesen und meine Geschichte erzählt nur eine Möglichkeit von vielen.

Noch schwieriger ist die Frage nach der geistigen Vorstellungswelt der damaligen Menschen. Was haben sie geglaubt, welche Geschichten haben sie sich erzählt, welche Zeremonien durchgeführt? Wir wissen es nicht, denn sie haben es nicht aufgeschrieben. Aber sie haben uns ihre Kunstwerke hinterlassen, und die „sprechen" noch heute zu uns: beispielsweise die Höhlenbilder der Chauvet-Höhle in Frankreich und die kleinen Figuren aus Mammutelfenbein, die in Höhlen der Schwäbischen Alb gefunden wurden. Meist stellen die Kunstwerke Tiere dar und sind ihren lebenden Vorbildern ungeheuer gut nachempfunden. Wenn wir uns auf diese Kunstwerke einlassen, bekommen wir den Eindruck, dass die Menschen in einer tiefen Beziehung zu bestimmten Tieren standen. Glaubten sie an mächtige Tiergeister? Suchten sie den Kontakt zu einer unsichtbaren Welt, in der Tiere eine große Rolle spielten? Es könnte so gewesen sein, denn von späteren Jägervölkern, über die man mehr weiß, kennt man diese Art von Glauben.

Schamanen sind typisch für Jägervölker. Sie sind so etwas wie Vermittler zwischen der sichtbaren Welt der Menschen und der unsichtbaren Welt der Geister, an die die Menschen glauben. Zugleich sind sie erfahrene Heiler. Schamanen – Männer oder Frauen – üben Praktiken, um sich in einen anderen Bewusstseinszustand zu versetzen, oft mithilfe rhythmischer Musik. Sehr oft schlagen sie eine Trommel. Manches deutet darauf hin, dass es auch schon bei unseren Vorfahren vor 35 000 Jahren ähnlich war, doch Genaueres wissen wir darüber nicht.

Aber wir wissen, dass die Menschen damals schon die Musik liebten. Die Beweise dafür stammen aus Höhlen der Schwäbischen Alb. Es sind die ältesten bisher gefundenen Musikinstrumente der Menschheit: unter anderem Flöten aus Mammutelfenbein, Schwanenflügel-

und Gänsegeierknochen. Im Urgeschichtlichen Museum in Blaubeuren nahe Ulm kann man einige von ihnen bestaunen.

In diesem Museum findet man auch viele weitere Gegenstände im Original oder als Kopie, die in der Geschichte von Timo und Leonie eine Rolle spielen. Hier kann man die sachlichen Hintergründe dieses Buches kennenlernen, erkunden und in Aktionen miterleben. Hier habe ich selbst viele Anregungen für meine Geschichte gefunden.

Schließlich möchte ich der Kustodin des Urgeschichtlichen Museums Blaubeuren, Dr. Stefanie Kölbl, herzlich für ihre so freundlich gewährte fachliche Unterstützung bei diesem Buch danken.

Darmstadt, im Februar 2012
Gabriele Beyerlein